# Narrativas em disputa
segurança pública, polícia e violência no Brasil

CONSELHO EDITORIAL

Ana Paula Torres Megiani
Eunice Ostrensky
Haroldo Ceravolo Sereza
Joana Monteleone
Maria Luiza Ferreira de Oliveira
Ruy Braga

# Narrativas em disputa
segurança pública, polícia e violência no Brasil

Renato Sérgio de Lima (org.)

Bruno Paes Manso
César Barreira
Cláudio Beato
Fernanda Bestetti de Vasconcellos
Guaracy Mingardi
Humberto Viana
Jacqueline Muniz
Jésus Trindade Barreto Jr.
José Luiz Ratton
José Reinaldo de Lima Lopes
Julita Lemgruber
Luís Flávio Sapori
Luiz Eduardo Soares
Patrícia Nogueira Pröglhöf
Paulo Sérgio Pinheiro
Rafael Alcadipani
Rodrigo Ghiringhelli de Azevedo
Samira Bueno
Sérgio Adorno

Copyright © 2016 Renato Sérgio de Lima

*Grafia atualizada segundo o Acordo Ortográfico da Língua Portuguesa de 1990, que entrou em vigor no Brasil em 2009.*

Edição: Haroldo Ceravolo Sereza
Editora assistente: Cristina Terada Tamada
Assistente acadêmica: Bruna Marques
Assistente de produção: Dafne Ramos
Projeto gráfico, diagramação e capa: Cristina Terada Tamada
Revisão: Andressa Neves
Imagem de capa: "A Nave dos Loucos", de Hieronymus Bosch

---

CIP-BRASIL. CATALOGAÇÃO NA PUBLICAÇÃO
SINDICATO NACIONAL DOS EDITORES DE LIVROS, RJ

N189

Narrativas em disputa: segurança pública, polícia e violência no Brasil / Bruno Paes Manso ... [*et al.*]
Organização Renato Sérgio de Lima. - 1. ed.
São Paulo: Alameda, 2016.

208 p.; 20 cm.

Inclui bibliografia
ISBN 978-85-7939-397-6

1. Violência - Aspectos sociais. 2. Violência - Aspectos sociais - Brasil. 3. Segurança pública - Brasil. 4. Controle social. I. Manso, Bruno Paes. II. Lima, Renato Sérgio de.

16-34427          CDD: 303.62
                   CDU: 316.485.2

---

ALAMEDA CASA EDITORIAL
Rua Treze de Maio, 353 – Bela Vista
CEP 01327-000 – São Paulo – SP
Tel. (11) 3012-2403
www.alamedaeditorial.com.br

# SUMÁRIO

Introdução — 13

O campo minado e translúcido da segurança pública no Brasil — 23
*Renato Sérgio de Lima e Rodrigo Ghiringhelli de Azevedo*

Prevenção e Repressão são 2 faces da mesma moeda — 29
*Renato Sérgio de Lima*

Segurança Pública e o dilema de quem lidera — 31
*Renato Sérgio de Lima*

A constante crise da Segurança Pública no Brasil — 35
*Renato Sérgio de Lima*

Para melhorar a segurança no Brasil, necessitam-se reformas estruturais profundas — 39
*Renato Sérgio de Lima*

Segurança Pública e Coragem Política — 43
*Renato Sérgio de Lima e Samira Bueno*

**Ofuscados pela Violência**    49
*Renato Sérgio de Lima e Samira Bueno*

**O 11/09 brasileiro**    53
*Renato Sérgio de Lima*

**Reforma e controle, não extinção**    57
*Renato Sérgio de Lima*

**É hora de reformar as polícias**    61
*Renato Sérgio de Lima e Samira Bueno*

**Use com moderação**    65
*Renato Sérgio de Lima, Jacqueline Muniz e Samira Bueno*

**Em defesa da sociedade**    69
*Renato Sérgio de Lima*

**O sequestro das polícias brasileiras**    73
*Renato Sérgio de Lima e José Reinaldo de Lima Lopes*

**Monopólio da Segurança**    77
*Guaracy Mingardi*

**A vida do policial importa**    81
*Rafael Alcadipani*

**O fim de um modelo**    85
*Renato Sérgio de Lima*

**Um pacto pela reforma da Segurança Pública**    91
*Renato Sérgio de Lima, Cláudio Beato, José Luiz Ratton,*
*Luiz Eduardo Soares e Rodrigo Ghiringhelli de Azevedo*

**A cultura da Paz** 95
*Renato Sérgio de Lima*

**Os desafios dos candidatos na segurança pública** 101
*Bruno Paes Manso e Renato Sérgio de Lima*

**Resultados Eleitorais e Segurança Pública** 117
*Renato Sérgio de Lima*

**Cara Dilma: e a segurança?** 119
*Julita Lemgruber, Rodrigo Ghiringhelli de Azevedo e Renato Sérgio de Lima*

**Estereótipos da violência** 121
*Renato Sérgio de Lima*

**Uma meta com a vida** 125
*Renato Sérgio de Lima e Samira Bueno*

**Segurança Pública: ainda muito a fazer** 127
*Samira Bueno*

**Promessa ignorada** 131
*Julita Lemgruber*

**Mais vidas em 2016** 133
*César Barreira e Renato Sérgio de Lima*

**Quais são as perspectivas para a segurança pública no Brasil em 2016** 135
*Fernanda Bestetti de Vasconcellos e Rodrigo Ghiringhelli de Azevedo*

### A (des)conjuntura da segurança pública no Brasil — 139
*Luís Flávio Sapori e Jésus Trindade Barreto Jr.*

### Uma paralisia desconcertante — 143
*Samira Bueno e Humberto Viana*

### Por uma aliança entre técnica e política — 147
*Renato Sérgio de Lima*

### Terror no papel — 149
*Renato Sérgio de Lima*

### A banalização do terror — 153
*Renato Sérgio de Lima*

### Segurança durante a Copa Fifa 2014 e mobilização nacional — 157
*Renato Sérgio de Lima*

### Prisões de ativistas expõem limitações do Estado em lidar com a contestação — 163
*Renato Sérgio de Lima*

### Espiral de Violência — 167
*Renato Sérgio de Lima e Samira Bueno*

### Segurança se faz com mais controle e menos armas — 171
*Samira Bueno*

### Portar arma não aumenta chances de defesa em caso de assalto — 173
*Renato Sérgio de Lima*

**Uma proposta irresponsável**  177
*Sérgio Adorno, Renato Sérgio de Lima e Paulo Sérgio Pinheiro*

**Adeus às armas**  181
*José Luiz Ratton*

**Proteger a mulher que nos protege**  183
*Patrícia Nogueira Pröglhöf*

**Segurança Pública para Quem?**  187
*Samira Bueno e Renato Sérgio de Lima*

**A erosão do Estado de Direito**  191
*Rodrigo Ghiringhelli de Azevedo e Fernanda Bestetti de Vasconcellos*

**O saldo dos 10 anos de Fórum Brasileiro de Segurança Pública**  195
*Rodrigo Ghiringhelli de Azevedo e Renato Sérgio de Lima*

**"Nas estatísticas criminais, prevalece a 'transparência opaca'"**  199
*Entrevista de Renato Sérgio de Lima para Rodrigo Martins*

**Biografia dos autores**  203

# INTRODUÇÃO

Esta coletânea reúne 44 textos publicados como artigos de opinião e entrevista em jornais e revistas semanais de grande circulação nacional e regional e que, indiretamente, dão um retrato de uma faceta menos visível porém fundamental da ação institucional do Fórum Brasileiro de Segurança Pública – FBSP, qual seja, a da comunicação de uma causa; a de construção de uma nova narrativa alternativa àquela que reduz segurança pública à agenda exclusivamente policial e, sobretudo, que a define como proteção dos interesses do Estado e combate aos criminosos e não ao crime.

São artigos de um grupo sênior de pesquisadores acadêmicos e de policiais, em sua maioria vinculados aos órgão diretivos do FBSP, que têm dedicado suas carreiras a compreender como violência, crime, polícia, justiça, prisões e direitos humanos vão se correlacionando enquanto processos sociais mais amplos e que, no limite, configuram um campo organizacional empiricamente nucleado no conceito "segurança pública", cujas fronteiras são porosas e os territórios explicativos comportam diversas leituras políticas e acepções.

E esse é um campo perpassado por profundas tensões e questionamentos acerca dos papéis sociais das instituições, aqui incluídas as que compõem o chamado sistema de justiça criminal, a Universidade e, em sentido ampliado, as organizações da sociedade civil. Segurança pública é um conceito mais empírico do que teórico e cujo significado é disputado por múltiplos atores e segmentos.

E, nesse processo, a informação em segurança pública é hoje um dos *fronts* mais emblemáticos da batalha sobre a legitimidade de práticas institucionais e das culturas organizacionais vigentes. E, graças à dedicação individual de muitos dos ativistas e pesquisadores que assinam artigos neste livro e da ação institucional do Fórum Brasileiro de Segurança Pública, hoje se sabe muito mais sobre o tema do que há dez anos, em um processo que desconstrói certezas e que tem oferecido riscos crescentes às posições de poder e governança fundadas no sigilo e no excesso de autonomia institucional.

Posições que antes eram hegemônicas e hoje estão entrincheiradas e são relativizadas a partir de uma presença constante e maciça na mídia de representantes desta nova narrativa que tem sido proposta. Por tudo isso, os textos aqui reproduzidos, atendem ao objetivo de analisar a conjuntura com base em dados e evidências empíricas, especialmente os contidos nas várias edições do Anuário Brasileiro de Segurança Pública, que hoje é indiscutivelmente uma das principais publicações de referência na área. Os textos constituem-se, portanto, como contrapontos à reinvindicação do campo como monopólio do saber de alguns segmentos apenas, presencialmente os que tradicionalmente professam sua fé na ideia de que a violência e o crime precisam ser enfrentados com respostas "duras" – que muitas vezes não são vistas como violentas já que, em teoria, seriam legítimas frente ao arcabouço jurídico do país.

Publicados separadamente, os artigos cumpriram o papel de chamar atenção para temas da agenda e da conjuntura. Eles são a tradução de preocupações políticas ou de pesquisa de cada um dos autores e tratam de vários assuntos. Reunidos, eles mostram, acima de tudo, uma enorme coerência discursiva e uma capacidade de articulação e mobilização que, por que não dizer, tem conseguido (re)pautar temas sensíveis e estabelecer parâmetros e termos do debate público, em uma inflexão iniciada a partir do final dos anos 1990 e movida pelo sentido de urgência que os dados vão impondo.

Sentido esse que foi ganhando cores e tons ainda mais dramáticos com a melhoria dos dados existentes e com o acúmulo de conhecimento que foi sendo gerado ao longo das décadas de 1990, 2000 e 2010, sobretudo pela aproximação da Universidade com as instituições policiais. Mas, se é fato inegável que o estoque de conhecimento e de evidências empíricas cresceu neste período, também é fato que ele não se transforma, necessariamente, em insumo para o planejamento, formulação e execução de políticas mais eficazes, eficientes e efetivas.

E, deste modo, mais do que a informação em si, faz-se necessário consolidar uma narrativa que seja assumida como crível e capaz de mudar o cotidiano da população; que seja capaz de fugir da lógica perversa que retroalimenta um quadro de medo e insegurança crescente e que não seja a mera reprodução de padrões e de culturas políticas que aceitam a violência como linguagem. E isso se faz por meio da aliança entre técnica e política e na compreensão de que mudanças mais significativas só ocorrerão na articulação de *stakeholders* e na convergência de medidas de caráter incremental e de gestão com perspectivas de modernização legislativa.

E os textos desta coletânea, se lidos em perspectiva, nos contam exatamente isso, ou seja, de que há hoje uma alternativa clara ao *status quo* que ainda opera muitas das práticas institucionais vigentes e que ela ganha força no reconhecimento da importância estratégica de se dispor de acervos públicos de dados e de informações. Os números fortalecem os argumentos para se discutir reformas do campo, polícias e suas práticas, janelas de oportunidade abertas por momentos eleitorais, propostas legislativas (estatuto do desarmamento, Lei sobre terrorismo), temas de conjuntura (Copa do Mundo, manifestações etc.) e estratégias de pactuação e de prioridade para a vida, entre vários outros assuntos.

Dito de outra forma, em meio a profusão de demandas e temas, essa nova narrativa faz a defesa da transparência, do controle e da prestação de contas (*accountability*) enquanto ferramentas de explicitação de problemas, de busca de soluções e de modernização da área. Para ela, os dados não se resumem à pauta técnica e não são apenas subprodutos da adoção maciça de novas tecnologias e sistemas.

Por conseguinte, os dados não são neutros e revelam opções político-institucionais daqueles que os produzem. Eles precisam estar, para terem algum impacto efetivo nas políticas públicas, sob escrutínio público, de modo a possibilitarem o debate qualificado. Até porque, sem dados públicos e evidências empíricas robustas, as fortes disputas que são travadas no interior do campo organizacional, muitas assumidamente corporativistas, dissipam esforços e energias de mudança e acabam por reproduzir modelos e ideologias que não só são ineficazes na prevenção da violência e na garantia de direitos, como geram impactos sociais e econômicos que cada vez mais nos aproximam da imagem de uma tragédia anunciada e mesmo assim ignorada em nome de valores, crenças e concepções no mínimo anacrônicas.

E é em torno desses pressupostos, que têm regido o programa de trabalho e de pesquisa da equipe executiva do Fórum Brasileiro de Segurança Pública, que nasceu a ideia desta coletânea. Se é verdade que o FBSP tem sido mais lembrado pela sua composição plural, pela sua atuação em rede que investe em pontes de diálogo e pela alta exposição pública advinda da compilação, produção e disseminação de dados e referências técnicas sobre segurança pública no país, a organização desta coletânea indica que a enunciação dos temas, dos atores e das instituições que, na opinião da entidade, devem compor a agenda das políticas públicas de segurança é uma poderosa aliada na determinação do sentido do debate que hoje é travado no país.

Isso não significa esgotar todos os temas da agenda da segurança pública, mas concentrar esforços naqueles que, em termos institucionais, se identificou capacidade real de incidência e de complementariedade. Há uma série de outras questões sendo trabalhadas pelos parceiros que compõem a dinâmica rede por trás da construção desta nova narrativa que poderiam estar aqui presentes (políticas sobre drogas, violação de direitos humanos, punição, imputabilidade penal, entre outros). O que, em outras palavras, significa assumir que o retrato desta coletânea é parcial e sujeito a acréscimos de temas e abordagens.

Em complemento às mais de 8 mil pessoas já reunidas nas várias edições dos Encontros Anuais do FBSP e à média dos últimos cinco anos de cerca de 3 mil citações anuais na mídia, a publicação cada vez mais intensa de artigos de opinião, que culminou com 10 textos em 2015 (quase um por mês) e 6 em 2016 (quase dois por mês até abril) mostram o espaço criado e a oportunidade conquistada pelos defensores desta nova forma de pensar e narrar a segurança pública brasileira para que a legitimidade da violência seja afastada e para que a vida seja tomada como valor central de organização das respostas públicas frente ao crime violento.

Mas, se há espaços criados, eles também provocam reações e, em um momento de profunda fratura da sociedade brasileira, imersa em crises políticas, econômicas e morais, não se pode imaginar que o caminho é unidirecional e que a marcha para a modernização do campo seja inexorável e sem retrocessos. De nada adiantará esta forte exposição e a disponibilidade crescente de dados se não formos capazes de convertê-los em impactos reais na forma de pensar e fazer segurança pública no país. Do contrário, como alguns dos textos desta coletânea explicitam, a tendência é que as reações invistam na morte do mensageiro e não na transformação do quadro de realidade.

Não por outra razão, o livro é publicado em meio a um contexto político e institucional do Brasil que nos alerta para a importância da imprensa independente e da sociedade civil na construção e garantia das conquistas de cidadania. Sem elas, o projeto modernizante da segurança pública do país corre sérios riscos de ser abduzido pela agenda extremamente conservadora que tomou conta do debate político brasileiro, sobretudo na determinação das pautas e temas tratados na Câmara dos Deputados na sua 55ª. Legislatura, eleita em 2014.

O afastamento da Presidente Dilma Roussef; a corrupção e o impacto das investigações da Operação Lava Jato; o redobrado protagonismo do Poder Judiciário na cena política do país; as profundas crises econômica e de representatividade; e a ausência da reforma política parecem, à primeira vista, deslocar a centralidade da segurança pública entre os temas prioritários para o Brasil. Porém, mais do que nunca, o país vê-se como palco de eventos-chave da realidade nacional que estão a determinar os rumos e sentidos das políticas públicas de segurança.

O fato é que, para além dos números, a questão da violência urbana e das respostas públicas por ela geradas têm oscilado entre visões que defendem, de um lado, o enfrentamento aberto como estratégia de controle do crime; e, por outro lado, a busca de soluções mais efetivas e alinhadas à ordem social democrática inaugurada pela Constituição de 1988. Neste embate de narrativas, se nada for feito, as vivandeiras da "manutenção da ordem", compreendida na chave do que poderíamos resgatar como marca histórica da "direita", ou seja, como restrição de direitos e do "fim da bagunça", ganharam força nos últimos meses e corremos o risco de retroceder o país no mínimo 40 anos no debate político e na busca de soluções para a tragédia da violência endêmica.

Mas vale frisar que a disputa não é entre direita e esquerda, na medida em que a "esquerda", tida como um projeto alternativo de administração do conflito social, até hoje não conseguiu oferecer soluções originais e factíveis para o problema da violência e da segurança pública, mesmo com uma sociedade plural e dinâmica a cobrar novos padrões de atuação pública. Muitas experiências de governos e grupos políticos que se assumem como de esquerda também são extremamente punitivistas e, na prática, reproduzem as mesmas omissões e ou ineficientes políticas que caracterizam a ação do Estado brasileiro na área.

Dito de outra forma, independentemente do espectro político, é inegável que estamos, mesmo com conquistas dignas de nota na redução de alguns tipos de homicídios, cada vez mais reféns do medo e da insegurança; da sensação de que estamos "enxugando gelo" e que, na linha de frente, jovens, sejam eles policiais ou não policiais, estão sendo assassinados numa guerra muda que nunca acaba.

Em meio a tudo isso, os discursos e as práticas políticas mudam pouco e se escondem na ideia de que o problema do crime e da violência independe de como concebemos o significado de segurança pública e ordem. O problema é que, enquanto "direita" e "esquerda" ficam disputando a "razão de Estado" e esquecem que pessoas estão morrendo, vendo seus direitos solapados e estão vivendo aterrorizadas, a pauta da área fica reduzida à agenda de como gerir a legislação penal e as instituições policiais. Esquecemos que segurança pública é muito mais amplo do que meramente uma questão de eficácia organizacional.

Em suma, a sociedade brasileira, ainda mais em um momento de energias dissipadas, parece navegar em uma nau sem rumo no campo da segurança pública, na qual muitos esforços são dispendidos e devem ser reconhecidos, mas mostram-se insuficientes para cruzar a tempestade que atravessamos no país. Muitos remam, mas cada um para um lado. E, para sair do lugar, precisamos reinventar narrativas e práticas institucionais. Do contrário, o cenário de retrocessos e de supressão de direitos pode se tornar irreversível no curto e médio prazo.

\*\*\*

Em termos de estrutura, os artigos foram reunidos em grandes blocos temáticos e, neles, inseridos na ordem que se inicia pelos mais antigos e termina com os mais atuais, na ideia de se permitir ao leitor a análise do percurso lógico e do processo de amadurecimento de muitas das ideias e propostas neles contidas. As exceções ficam por conta do primeiro e do último textos e da entrevista colocada ao final, intencionalmente colocados nestas posições em razão deles permitirem o enquadramento geral da coletânea.

Por este procedimento, o primeiro bloco temático tem sua atenção dedicada às reformas da segurança pública que já foram identificadas como essenciais. O bloco seguinte foca práticas, cotidianos e ações das polícias brasileiras e de seus profissionais. O terceiro bloco cuida de discutir como segurança pública foi sendo assumida (ou não) como tema das campanhas eleitorais à presidência da pública e ao papel do Governo Federal na área (o FBSP tem atuação nacional e seu olhar sempre esta mais alinhado à perspectiva nacional e de cooperação federativa). Já o quarto bloco visou discutir a necessidade de um Pacto Nacional de Redução de Homicídios e demais mortes violentas intencionais (lesões, latrocínios, mortes decorrentes de intervenção policial e mortes de policiais) – pacto este que havia sido priorizado pelo Governo Federal e que, atualmente, foi reduzido, no plano federal, a uma ação concorrente com outras a cabo da Secretaria Nacional de Segurança Pública -SENASP. Por fim, um quinto bloco reúne artigos sobre temas da conjuntura contemporânea e que foram sendo publicados na ideia de marcar posição e fortalece-la frente às ameaças ao Estado Democrático de Direito e às mazelas que nos assolam.

Para concluir esta apresentação, uma ressalva importante. Ao reunir todos os textos, em especial os de minha autoria e coautoria, nota-se a adoção de um recurso que precisa ser assumido e reconhecido. Estou falando da repetição, ou seja, da reprodução, em vários artigos, de construções sínteses e que traduzem os dados e as ideias-força que se desejava enunciar e disseminar. Muitas delas tiveram origem em meus textos de natureza acadêmica e posteriormente foram, propositalmente, reproduzidas nos artigos de opinião quase que como mantras, na ideia de serem mais amplamente conhecidos e disseminados. E, considerando que o foco dos textos repousa na divulgação e no convencimento de uma nova narrativa, a adoção deste recurso permitiu ampliar a capilaridade e o impacto da ação institucional, não obstante a grande quantidade de atividades e frentes abertas pela atuação do FBSP desde a sua criação, em 2006.

A ideia é que não basta apenas produzir mais conhecimento, mas sim aumentar o seu alcance e comunica-lo de forma mais eficiente. E, no ano em que a entidade completa dez anos, a presente coletânea mostra que, diante de um campo organizacional tão disputado e de quadro de conjuntura tão complexo, é preciso perseverar na crença de que a ação política daqueles de defendem a vida pode fazer a diferença.

São Paulo, junho de 2016
*Renato Sérgio de Lima*

# O CAMPO MINADO E TRANSLÚCIDO DA SEGURANÇA PÚBLICA NO BRASIL

(Publicado no jornal *Folha de S.Paulo*, de 06/12/2015)

*Renato Sérgio de Lima*
*Rodrigo Ghiringhelli de Azevedo*

Segundo o dicionário Houaiss, o adjetivo translúcido é dado a qualquer corpo que deixa passar a luz, mas que não permite que se percebam objetos colocados por detrás dele. É possível ver além, mas não de modo límpido e transparente. São formas e imagens que ficam opacas e invisíveis; ficam na sombra e por vezes mais confundem do que esclarecem.

No caso, esse adjetivo é o que melhor se aplica hoje às minadas fronteiras que delimitam tanto o campo organizacional das políticas de segurança pública implementadas nos últimos trinta anos quanto às tentativas de se avançar no conhecimento acadêmico acerca da relação entre crime, violência e justiça no Brasil.

Se olharmos para esta relação, no que diz respeito às políticas públicas de segurança, o Estado parece funcionar a partir de um forte paradoxo que nos faz lidar cotidianamente com elevadas taxas de impunidade e baixíssima capacidade de apuração e responsabilização, erodindo a confiança nas leis e nas instituições.

Por outro lado, as instituições de segurança pública e justiça criminal, premidas pelas cobranças da mídia e da opinião pública, são regidas pela ideia de que algo precisa ser feito a qualquer custo para conter os "criminosos", abrindo margens para medidas de extremo rigor e para a desconsideração de garantias, em uma dinâmica de seletividade penal que atinge, proporcionalmente, mais jovens, negros e pobres.

Nesse paradoxo, o Estado, através de seus vários poderes e instâncias, tem atuado a partir de um oneroso sistema de segurança pública, que fica recorrentemente paralisado por disputas de competência, fragmentação de políticas e jogos corporativos que respondem mais às lógicas particulares do que ao ideal de redução da violência e garantia de direitos.

O resultado é que as polícias são vistas como instituições que mais geram temor do que confiança e respeito, e o Ministério Público e o Poder Judiciário aparecem como distanciados da realidade e voltados para a punição dos mais fracos, recebendo sem maiores questionamentos o resultado do filtro realizado pelas polícias.

Na brecha e no cotidiano das periferias das regiões metropolitanas, o medo e a insegurança acabam fortalecendo o crime e pautando a relação entre polícia e comunidade; entre Estado e sociedade.

Não à toa, ficamos anestesiados diante da violência que, segundo os Anuários Brasileiros de Segurança Pública, resulta anualmente em quase 60 mil pessoas assassinadas, 48 mil estupros, mais de três mil mortes decorrentes de intervenção policial e quase 400 policiais assassinados. A violência nos dessensibiliza e, em vários momentos, é cultuada como resposta possível do Estado frente ao crime ou, até mesmo, como recurso legítimo frente às estruturas desiguais da sociedade brasileira.

Dito isso, observa-se que o campo que se aglutina em torno do que empiricamente tem se convencionado chamar de segurança pública é, no plano do debate político e das políticas públicas, um campo perpassado por disputas acerca do significado de lei, ordem e segurança que travam avanços pontuais na redução da violência e retroalimentam práticas institucionais e culturas organizacionais pouco democráticas.

Porém, se deslocarmos nosso olhar para a produção acadêmica que cuida de compreendê-lo, ele é também, de forma subsidiária, palco de fortes disputas de saberes em torno da legitimidade da nomeação do que pode ou não fazer parte de suas fronteiras.

Existe hoje na Universidade uma complexa batalha epistemológica entre diferentes teorias do conhecimento e que, mais do que apenas delimitar as fronteiras do campo, coloca em jogo as balizas sobre como as Ciências Sociais interpretam a realidade contemporânea.

Por esta batalha, há uma disputa ontológica, na qual diferentes abordagens e leituras tentam delimitar qual é o objeto legítimo de estudos – violência, direitos humanos e segurança pública ou as causas estruturais da violência e da desigualdade.

Há, ainda, uma disputa discursiva acerca de quais são as regras que regulamentam os discursos que podem receber o status de científico. E, por fim, há uma disputa em torno do reconhecimento de quem são os sujeitos que podem proferir esses discursos científicos e qual o estatuto daqueles sobre quem se fala.

São oposições entre diferentes saberes que se pretendem competentes para enunciar o sentido do campo e, com isso, definir quais as fronteiras e os limites entre os diversos territórios explicativos que estão a operar no país – com implicações em agendas de pesquisas, no reconhecimento dos sujeitos do conhecimento; em linhas de financiamento e nos termos do debate público.

Historicamente, a origem destas disputas acadêmicas pode ser buscada na própria forma como se desenvolveu o campo dos estudos sobre crime, polícia e justiça no Brasil. Em um primeiro momento, eram os juristas ligados ao Direito e ao Processo Penal os que buscaram dar conta das dimensões sociológicas e criminológicas do debate sobre estes temas, tentando incorporar autores e teorias que em outros contextos foram se desenvolvendo sob a denominação de Criminologia.

Esta por sua vez, tem origem no final do século XIX e resultou em cursos de graduação e pós-graduação, especialmente no contexto anglo-saxônico, visando permitir uma formação nos diversos aspectos que envolvem o fenômeno criminal e o seu controle. No Brasil, no entanto, a Criminologia se limitou desde sempre ao espaço de uma disciplina nos cursos de Direito, geralmente ministrada por operadores jurídicos e sob influência do discurso da chamada Criminologia Crítica, que nasce nos anos 70 a partir da confluência dos estudos do *Labeling Approach*, da teoria marxista aplicada aos estudos das causas estruturais do crime e das relações entre punição e estrutura social.

A criminologia crítica teve grande impacto no desenvolvimento de vários estudos até os anos da década de 1980, denunciando a seletividade penal e o papel do sistema penal como mecanismo de manutenção da ordem social em toda a América Latina, especialmente no período em que o continente era o cenário de governos ditatoriais.

Nas últimas décadas, contudo, há uma importante novidade no campo: o desenvolvimento no Brasil de uma rica vertente de estudos empíricos sobre os temas tradicionais da Criminologia, mas conduzidos não mais por juristas, e sim por pesquisadores com formação em Sociologia, Antropologia e Ciência Política, descortinando importantes evidências e trazendo complexidade a um debate científico antes dominado por apriorismos teóricos produzidos em outros contextos.

Diversos espaços de debate sobre os resultados das pesquisas realizadas por esta nova vertente foram sendo criados e viabilizaram a consolidação de uma importante rede de pesquisa, nucleada em instituições como o Instituto Nacional em Estudos Comparados em Administração de Conflitos (INEAC), o Instituto Nacional de Ciência e Tecnologia Violência, Democracia e Segurança Cidadã, o Fórum Brasileiro de Segurança Pública, entre outros centros importantes.

Essa nova vertente buscou incorporar o legado da Criminologia Crítica latino-americana e da contribuição de Michel Foucault e, ao mesmo tempo, trazer novas perspectivas teóricas, através da utilização de autores antes pouco considerados, como os clássicos Max Weber e Norbert Elias. Para além das causas da violência estrutural da sociedade brasileira, ressalta a complexidade do real e identificação de atores e instituições que operam valores, éticas, normas e sentidos da violência.

Entretanto, a emergência de novos centros e núcleos de pesquisa sobre violência e segurança pública, aqui servindo de síntese empírica de diversas correntes e temas tratados nos últimos 25 anos, ampliou as possibilidades de reflexão, mas também de interação entre a Universidade, as instituições policiais e o Poder Público.

E, neste movimento, ao trazer os operadores da segurança pública para o primeiro plano de análise, esta nova vertente os converteu em sujeitos de fala com os quais se pode discutir, mas não sem antes potencializar as fricções de uma tensa relação entre conhecimento científico e suas implicações práticas.

A despeito de progressos pontuais na aproximação de diferentes segmentos e perspectivas, as desconfianças entre e inter produtores de conhecimento acadêmico e profissionais da segurança pública são mútuas, densas e, por vezes, tensas. São inúmeras disputas pela legitimidade do saber que, mais do que contribuírem para a compreensão da realidade, estão a obnubilar o campo.

O problema é que, enquanto buscamos uma "verdade" em um campo tão minado e disputado, a violência continua a fazer milhares de vítimas todos os anos no país.

# PREVENÇÃO E REPRESSÃO SÃO 2 FACES DA MESMA MOEDA

(Publicado no jornal *O Estado de S. Paulo*
em 25 de novembro de 2009)

*Renato Sérgio de Lima*

As pesquisas divulgadas pelo Fórum Brasileiro de Segurança Pública fazem parte do ambicioso programa de trabalho sobre juventude e prevenção da violência que o Ministério da Justiça nos convidou a fazer parte. O Índice de Vulnerabilidade Juvenil (IVJ) permite um panorama apurado das condições de vida dos jovens brasileiros residentes nos municípios com mais de 100 mil habitantes e tem potencial de se transformar num refinado mecanismo de monitoramento do que vem acontecendo no Brasil. Por ele, entre as cidades com mais de 100 mil habitantes, são aquelas de porte médio que apresentam, em termos relativos, maior vulnerabilidade juvenil à violência, revelando a complexidade da violência e os desafios existentes.

A violência, enquanto manifestação, é considerada de forma mais abrangente do que apenas a questão criminal e envolve aspectos ligados às condições socioeconômicas e demográficas. Dessa forma, naquilo que diz respeito especificamente à área de segurança, essa postura exige que sejam pensadas estratégias que compreendam as políticas de segurança públicas como bem mais amplas do que somente a atividade policial, num ciclo que contemple prevenção e repressão como duas faces de uma mesma política.

As polícias, até pelos resultados do levantamento realizado pelo Datafolha – e que indicam uma tensa relação entre policiais e jovens – são peças-chave no intricado novelo das políticas sociais. Elas não podem desconsiderar os resultados no planejamento operacional de suas ações e, paralelamente, não devem ser responsabilizadas de modo exclusivo pelo cenário traçado.

O IVJ também chama a atenção para o papel ativo dos municípios, que devem discutir o impacto de suas ações e, mesmo, de outras esferas de governo, incluindo outros poderes, como o Judiciário e o Legislativo. Aprofundando as conclusões, a violência faz parte do cotidiano de cerca de 30% da população jovem dos municípios investigados pelo Datafolha, com algumas cidades com níveis de exposição bem maiores do que outras. Esse percentual demonstra a gravidade da situação que não pode ser negada, e o fato de ela ser circunscrita a determinadas áreas e locais.

A violência é desigualmente distribuída e não pode ser objeto de uma única estratégia de enfrentamento. Até por essa razão o projeto continua em andamento e a próxima etapa consiste em entrevistar jovens com vistas a identificar características que determinam a trajetória de envolvimento com a violência e, esperamos, fatores de prevenção passíveis de serem replicados.

# SEGURANÇA PÚBLICA E O DILEMA DE QUEM LIDERA

(Publicado no jornal *Gazeta do Povo*
em 13 de fevereiro de 2012)

*Renato Sérgio de Lima*

A atual crise na segurança pública no Brasil, com greves na Bahia e no Rio de Janeiro, pressões pela aprovação da chamada PEC 300, que fixa um piso salarial nacional para policiais e bombeiros, bem como relatos de ações policiais violentas em vários estados, retoma com muita força o debate sobre a completa falência do nosso sistema de segurança pública.

O Brasil gastou em 2010, último dado disponível, aproximadamente R$ 50 bilhões apenas com segurança pública. Esse valor significa algo como 1,4% do nosso PIB e quase 9% do total de impostos arrecadados por Municípios, Estados, Distrito Federal e União.

Ou seja, nosso sistema é caro, ineficiente, capacita e paga mal aos profissionais encarregados de manter a ordem democrática e de garantir direitos da população. Convivemos com taxas altas de criminalidade, excesso de burocracia e não conseguimos oferecer serviços de qualidade ou reduzir a insegurança.

Nesse cenário, é mais do que legítimo que policiais brasileiros reivindiquem melhores condições de vida e de trabalho. Também é verdade quando os governadores dizem que não recursos disponíveis para aumentos significativos de salários e, se aprovada a PEC 300, os estados entrariam numa situação de colapso das suas finanças públicas.

Vale frisar, porém, que a legitimidade do pleito dos policiais não pode ser entendida como liberdade para subverter direitos, ocupar prédios públicos, bloquear estradas e usar da força como instrumento de pressão. Estamos num Estado Democrático de Direito, cujas regras precisam ser respeitadas. Do contrário, o recado passado para a população é que, em alguns casos, a democracia pode ser desconsiderada em nome de interesses particulares.

E isso não pode ocorrer! O Brasil ainda tem em sua memória recente o trauma dos regimes autoritários do Século XX, quando interesses particulares se sobrepuseram aos interesses da sociedade. Cabe aos policiais o desafio da originalidade sobre como manter vivo o pleito legítimo por melhores salários sem o recurso a atos ilegítimos.

Todavia, o encaminhamento de uma solução definitiva tem que passar pela atuação articulada dos Poderes Executivo, Legislativo e Judiciário, seja no âmbito da União, seja no estadual.

O Governo Federal pode muito, mas sozinho não conseguirá articular ações efetivas. União e governadores precisam liderar uma agenda que decida enfrentar, de fato, a urgência de uma ampla revisão de normas, processos e leis anacrônicas que regulam esta área no Brasil.

Agenda que precisa passar pelo Congresso brasileiro, que deveria atuar coordenado e evitar a chamada "legislação do pânico", que só torna complexo e oneroso o quadro normativo da segurança pública no país.

Num exemplo de baixa coordenação e prioridade política para o tema, faz 25 anos, desde a promulgação da Constituição de 1988, que não conseguimos regulamentar o parágrafo 7º, do Artigo 144, que trata das instituições que podem fazer segurança pública.

Sem essa regulamentação, mantemos um quadro de disputas de competência, duplicidade de funções e efetivos mal alocados. Não será surpresa, portanto, se o debate sobre melhores salários ficar restrito à conquista de gratificações e benefícios transitórios.

O problema é que estamos falando de mais de 600 mil homens e mulheres autorizados a portar armas e que, diariamente, enfrentam situações de crime e violência sem o suficiente respaldo institucional.

O Congresso não nos disse o que devem fazer as polícias brasileiras. Falta-nos um projeto político que seja capaz de superar os corporativismos e pensar na polícia que o Brasil, moderno e democrático, precisa. Sem isso, iremos administrar a situação até a próxima crise, que com certeza virá maior e mais aguda.

Nosso drama é que, no pragmatismo da política, fica em aberto a pergunta sobre quem terá a disposição e a coragem política de liderar um vigoroso processo de reformas após a fase aguda da crise passar.

# A CONSTANTE CRISE DA SEGURANÇA PÚBLICA NO BRASIL

(Publicado no jornal *Folha de S.Paulo*
em 3 de abril de 2012)

*Renato Sérgio de Lima*

Encerrada a fase aguda que culminou nas greves de policiais antes do Carnaval, na Bahia e no Rio de Janeiro, o Brasil retoma a prática política de esquecimento dos problemas da segurança pública, relegando à própria sorte a população e as polícias, que continuam imersas em um cenário de intensas disputas políticas e institucionais.

Mas isso não acontece sem consequências ou custos!

Em termos econômicos, o Brasil gastou, em 2010, de acordo com o Anuário do Fórum Brasileiro de Segurança Pública, aproximadamente R$ 50 bilhões apenas com segurança pública. Esse valor significa algo como 1,4% do nosso PIB e quase 9% do total de impostos arrecadados por municípios, Estados, Distrito Federal e União.

Ou seja, nosso sistema é caro, ineficiente, capacita e paga mal os profissionais encarregados de manter a ordem democrática e de garantir direitos da população.

Convivemos com taxas altas de criminalidade, de letalidade e vitimização policial. Há excesso de burocracia e não conseguimos oferecer serviços de qualidade ou reduzir a insegurança.

No plano da gestão, paradoxalmente, várias iniciativas têm sido tentadas ao longo dos últimos anos: sistemas de informação, integração das polícias estaduais, modernização tecnológica, mudança no currículo de ensino policial, investimentos em novos equipamentos.

Elas dão sobrevida a um modelo na UTI, mas não atingem o cerne do problema, que é, sem meias palavras, político.

Por exemplo: o Congresso há quase 25 anos tem dificuldades para fazer avançar uma agenda de reformas imposta pela Constituição de 1988. Até hoje existem diversos artigos sem a devida regulação, abrindo margem para enormes zonas de sombra e insegurança jurídica.

Para a segurança pública, o efeito dessa postura pode ser constatado na não regulamentação do artigo 23 da Constituição, que trata das atribuições concorrentes entre os entes, ou do parágrafo 7º do artigo 144, que dispõe sobre os mandatos e atribuições das instituições encarregadas em prover segurança pública.

A ausência de regras que regulamentem as funções e o relacionamento das polícias federais e estaduais, e mesmo das polícias civis e militares, produz no Brasil um quadro de diversos ordenamentos para a solução de problemas similares de segurança e violência. Enquanto isso, não há grandes avanços em boa parte do território nacional.

Não é surpresa, portanto, que o debate sobre segurança pública fique restrito à conquista de melhores salários pelos policiais e tipificação ou agravamento de crimes.

O Congresso não nos disse o que devem fazer as polícias brasileiras.

Falta um projeto político que seja capaz de superar os corporativismos e pensar na polícia que o Brasil, moderno e democrático, precisa.

O argumento de que a Constituição impede reformas substantivas não se sustenta. Há, com isso, um grande espaço de reformas legislativas que poderia ser percorrido se houvesse vontade política e mobilização social para a urgência de uma ampla revisão de normas, processos e leis anacrônicas que regulam esta área no Brasil.

Nosso drama é que, no pragmatismo reducionista da política brasileira, fica em aberto a pergunta sobre quem terá a disposição e a coragem política de liderar um vigoroso processo de reformas sem que uma crise dispare os alertas e as bandeiras eleitorais. É um problema de todos, mas não é assumido como responsabilidade política por ninguém.

Se não estiverem sujeitas a mecanismos de controle e de prestação de contas efetivos, elas correm o risco do insulamento e do excesso de autonomia, tão perverso para elas próprias quanto para a sociedade.

Por essa razão, a proposta de extinção das Polícias Militares no Brasil, feita pela ONU no seu relatório de Direitos Humanos e divulgado na semana passada, tem o mérito de recolocar o tema do uso da força em pauta, mas peca por circunscrever o problema ao modelo de funcionamento de apenas uma das nossas polícias.

Não é unicamente extinguindo as PMs, por mais que seus padrões operacionais gerem um inadmissível número de mortes, que a tortura e a violência diminuirão.

Sem uma ampla revisão do nosso sistema de justiça e segurança, estamos minando a legitimidade da democracia brasileira e adiando a conquista de novos padrões de desenvolvimento cidadão.

Oxalá os ventos da transparência e do acesso à informação cheguem às políticas de segurança e provoquem mudanças...

# PARA MELHORAR A SEGURANÇA NO BRASIL, NECESSITAM-SE REFORMAS ESTRUTURAIS PROFUNDAS

(Publicado no *Blog do Banco Interamericano de Desarollo* em 5 de dezembro de 2013)

*Renato Sérgio de Lima*

No último dia 05 de novembro, o Fórum Brasileiro de Segurança Pública, entidade que congrega pesquisadores, gestores e policiais do país todo, lançou a sétima edição do seu Anuário Estatístico. Em sua introdução, alguns pontos que julgamos importantes de serem retomados aqui no Blog foram destacados.

Ou seja, em meio à comemoração dos 25 anos da Constituição Federal de 1988, no momento em que os governos e as polícias estão administrando as demandas geradas pelas manifestações sociais que tomaram as ruas desde junho deste ano e, ainda, no contexto da definição dos contornos da disputa eleitoral de 2014, segurança pública continua sendo um tema tabu no Brasil.

E, nesse contexto, os dados publicados na edição 2013 do Anuário Brasileiro de Segurança Pública indicam que o nosso sistema de segurança é ineficiente, paga mal aos policiais e convive com padrões operacionais inaceitáveis de letalidade e vitimização policial, com baixas taxas de esclarecimentos de delitos e precárias condições de encarceramento. Não conseguimos oferecer serviços de qualidade, reduzir a insegurança e aumentar a confiança da população nas instituições.

No plano da gestão, paradoxalmente, várias iniciativas têm sido tentadas: sistemas de informação, integração das polícias estaduais, modernização tecnológica, mudança no currículo de ensino policial, entre outras. Porém, a história recente da segurança pública tem sido marcada por mudanças incompletas. Ganhos incrementais nas políticas públicas tendem a perder força, na medida em que não são capazes, sozinhos, de modificar culturas organizacionais anacrônicas.

As instituições policiais não experimentaram reformas significativas nas suas estruturas. Faz anos que o Fórum Brasileiro de Segurança Pública destaca que o Congresso tem dificuldades para fazer avançar uma agenda de reformas imposta pela Constituição de 1988 e até hoje possui diversos artigos sem a devida regulação, abrindo margem para enormes zonas de insegurança jurídica.

Isso significa que resultados de longo prazo só poderão ser obtidos mediante reformas estruturais que enfrentem alguns temas sensíveis, tais como: a distribuição e a articulação de competências entre União, Estados e Municípios e a criação de mecanismos efetivos de cooperação entre eles e demais Poderes; a reforma do modelo policial estabelecido pela Constituição; e o estabelecimento de requisitos mínimos nacionais para as instituições de segurança pública no que diz respeito à formação dos profissionais, transparência e prestação de contas, uso da força e controle externo.

Trata-se de uma agenda que associa mudanças incrementais e de práticas de gestão com alterações na arquitetura institucional e legal que regula o setor no Brasil. Sem que essas duas dimensões sejam simultaneamente enfrentadas, a perspectiva é de manutenção de uma perversa realidade.

Isso porque só desta forma é que conseguiremos fazer frente aos dilemas impostos pela multiplicidade de conflitos sociais que o mundo contemporâneo nos impõe: prevenção da violência, criminalidade urbana, organizações criminosas, controle de distúrbios, manutenção da ordem pública, contenção de grupos violentos, mediação e administração de conflitos, entre outros.

Não podemos acreditar em uma sociedade sem polícias, mas podemos apostar que tais instituições sejam eixos estratégicos e de indução de um modelo de desenvolvimento social, econômico e cultural baseado no respeito e na paz. Uma polícia forte é uma polícia que respeita e defende a sociedade; uma polícia que gera confiança e não temor.

Para conhecer essa edição do Anuário Brasileiro de Segurança Pública e outras publicações do Fórum Brasileiro de Segurança Pública, acesse www.forumseguranca.org.br.

# SEGURANÇA PÚBLICA E CORAGEM POLÍTICA

(Publicado nos jornais *Correio Braziliense* e
*O Estado de Minas* em 8 de setembro de 2014)

*Renato Sérgio de Lima*
*Samira Bueno*

O Brasil convive, rotineiramente, com indicadores absurdos de violência e criminalidade. A fragmentação das ações é a causa dessa tragédia anunciada. Nesse artigo, os pesquisadores Renato Lima e Samira Bueno, integrantes do Fórum Brasileiro de Segurança Pública, apontam o sistema compartilhado que funcionou durante a Copa como um sinal de que a integração é o caminho mais indicado. O que falta é coragem para dar o primeiro passo.

O ano de 2014 está sendo marcado por inúmeras crises na segurança pública brasileira: rebeliões e mortes em presídios; linchamentos; greves de policiais; atos contra a Copa do Mundo; manifestações marcadas por confrontos entre *Black blocs* e policiais; por mortes, como a do cinegrafista Santiago Andrade, em fevereiro, e, mais recentemente, pelas prisões de ativistas às vésperas da final do Mundial de Futebol. Ao mesmo tempo, os dados publicados anualmente pelo Fórum Brasileiro de Segurança Pública indicam que o país convive, faz anos, com taxas de violência criminal absurdas, com quase 60 mil homicídios por ano, mais de 50 mil estupros registrados e padrões operacionais inaceitáveis de letalidade e vitimização policial, que resultam na morte de ao menos cinco pessoas por dia pela intervenção das polícias e faz com que o risco de um policial ser morto seja, em média, três vezes superior ao da população como um todo. Isso para não falar nas constantes ameaças do crime organizado, no crescimento dos roubos, nos reiterados incêndios de ônibus nas periferias paulistanas, no aumento dos sequestros relâmpago no Distrito Federal ou nos novos justiceiros cariocas, que acorrentam acusados de crimes em postes.

Em meio a esse contexto, o cenário é quase como o de que ninguém é responsável por essa tragédia mais do que anunciada. Ficamos num grande jogo de empurra que antagoniza diferentes organizações, níveis de governo e instâncias de poder. Dito de outra forma: as ameaças do crime organizado, as altas taxas de crimes violentos e a baixíssima capacidade dos órgãos de Justiça e segurança em prevenir a violência e evitar a impunidade mostram que algo está fora da ordem. As polícias, os governos, os Ministérios Públicos e o Poder Judiciário, insulados em seus projetos de corporação e em suas práticas institucionais, não conseguem fazer frente aos desafios contemporâneos impostos pelo crime, pela violência e pela dinâmica de uma sociedade plural e democrática.

O fato é que o nosso sistema de Justiça e segurança é muito ineficiente em enfrentar tal realidade e funciona a partir de um paradoxo que mais induz a antagonismos do que favorece a cooperação e a troca de experiências. Paradoxo esse que, por um lado, nos faz lidar cotidianamente com elevadas taxas de impunidade, erodindo a confiança nas leis e nas instituições, como têm demonstrado os vários índices do Centro de Pesquisas Jurídicas Aplicadas da Faculdade de Direito da Fundação Getulio Vargas (FGV) em São Paulo. Por outro lado, as instituições de segurança pública e Justiça criminal, premidas pelas cobranças da mídia e da opinião pública, são regidas pela ideia de que algo precisa ser feito a qualquer custo para conter os "criminosos", abrindo margens para medidas de extremo rigor penal e, mesmo, para reforçar políticas criminais anacrônicas.

Na falta de parâmetros mais modernos sobre como lidar com crime, violência, manifestações e quaisquer ameaças à ordem social, recorre-se ao discurso de que o país tem leis lenientes e que é necessário endurecer o tratamento penal. Todavia, ao fazer isso, as instituições erram no diagnóstico e erram no remédio. Na ausência de uma política de segurança pública pautada na articulação de energias e de esforços para a garantia de direitos, no respeito e na não violência, deixamos de enfrentar o fato de que o nosso sistema de Justiça e segurança necessita de reformas estruturais mais profundas. E não se trata de defendermos apenas mudanças legislativas tópicas ou, em sentido inverso, focarmos apenas na modernização gerencial das instituições encarregadas em prover segurança pública no Brasil. Nosso desafio é adensar politicamente a defesa de que, exatamente, essas são duas faces complementares de um mesmo processo e que nenhuma delas conseguirá êxito permanente sem que a outra seja simultaneamente assumida também como prioridade.

Temos que modernizar a arquitetura institucional que organiza as respostas públicas frente ao crime, à violência e à garantia de direitos. Isso porque, ao contrário do que pensa o senso comum, muitas energias são gastas na busca por soluções e há várias iniciativas que podem e devem ser mais bem estudadas e incentivadas. As melhores práticas na redução da violência e da criminalidade têm se concentrado sobre o tripé aproximação com a população, uso intensivo de informações e aperfeiçoamento da inteligência e da investigação. A questão é que tais práticas, sozinhas, não conseguem dar conta de um elemento central que é a carência de coordenação, de integração e de articulação, marcas registradas da segurança pública brasileira e da arquitetura jurídica que embasa as políticas públicas no país. Sem que ataquemos essa grande fragilidade, o país continuará refém do medo e da insegurança e pouco conseguiremos avançar na transformação de práticas institucionais reconhecidamente ineficazes.

Essa, porém, não é uma agenda utópica ou impossível de ser executada, como alegarão alguns céticos de plantão. O maior exemplo de que é possível pensar segurança pública de modo diferente e mais eficaz foi, exatamente, o esforço feito para garantir a segurança durante a Copa do Mundo e que esteve baseado na proposta de compartilhamento de responsabilidades entre diferentes organizações e esferas de poder e governo, compartilhamento esse que foi o que permitiu uma enorme reversão de expectativas do colapso da infraestrutura e da segurança pública. O fato é que a Copa foi encerrada sem grandes crises na segurança muito em função da centralidade política e institucional que ela ganhou durante sua realização. Governos e instituições sentaram-se no mesmo espaço, articularam suas ações e integraram planejamento e operações, pensando mais nos resultados e menos nas suas lógicas autônomas de funcionamento. E, como fruto desta iniciativa, os índices de criminalidade mostraram-se sensíveis a essa mudança de comportamento e caíram em vários lugares.

Levando-se em conta, porém, que ações *ad hoc* são insustentáveis, desprende-se dessa experiência a certeza de que resultados de longo prazo só poderão ser obtidos se, como reiteradamente destacado, enfrentarmos estruturalmente alguns temas sensíveis, tais como a distribuição e a articulação de competências entre União, estados e municípios e a criação de mecanismos efetivos de cooperação entre eles e demais poderes e Ministérios Públicos; a reforma do modelo policial e de investigação estabelecido pela Constituição; o financiamento da área e o estabelecimento de requisitos mínimos nacionais para as instituições de segurança pública no que diz respeito à formação dos profissionais, carreiras, transparência e prestação de contas, uso da força e controle externo.

Hoje, temos polícias com acesso às mais modernas ferramentas tecnológicas e formadas por homens e mulheres altamente qualificados e com grande preparo intelectual, muitos com disposição para inovar e construir padrões de policiamento mais eficientes em contextos democráticos. Entretanto, vale frisar que, como pano de fundo, há uma enorme disputa pelo significado de lei, ordem e segurança pública em curso. Sem que assumamos essa disputa, não conseguiremos dizer claramente quais são os mandatos outorgados às instituições de Justiça e segurança e, consequentemente, pouco avançaremos na construção de políticas públicas mais eficientes.

O Brasil, ao largo do notável aprimoramento técnico operacional dos últimos 20 anos, ainda se impõe um silêncio obsequioso frente ao problema da segurança pública, que nos desafia a pensar em um projeto de reforma das polícias que as valorize como uma instituição central do Estado democrático de direito e da cidadania. As polícias, bem como as demais instituições da área, retratam a forma como o Brasil optou por administrar conflitos sociais e de se conceber como nação. Assim, falar hoje de segurança pública significa falar de um projeto de país; significa ter coragem política e institucional para liderar um pacto pela promoção de uma vida digna e em paz para parcelas majoritárias da população, pacto esse que passa menos por enfrentar as necessárias mas não suficientes questões econômicas associadas e mais por compromissos com ações de articulação, coordenação e integração institucional. E, para tanto, é essencial reconhecer que só uma instituição como a Presidência da República dispõe de energias e forças políticas capazes de sustentar um projeto de reformas e modernização da área. Se a integração é o caminho, alguém precisa dar o primeiro passo para percorrê-lo de modo constante e não apenas no de ver segurança como um tabu a ser evitado.

# OFUSCADOS PELA VIOLÊNCIA

(Publicado no jornal *Correio Braziliense*
em 22 de outubro de 2015)

*Renato Sérgio de Lima*
*Samira Bueno*

Os números recentemente divulgados pela 9º edição do Anuário Brasileiro de Segurança Pública não deixam margem para dúvidas: somos uma sociedade cruel e violenta e nos acostumamos com cenas de barbárie e com políticas públicas ineficientes. A violência faz parte do cotidiano brasileiro. Ela nos anestesia e nos faz tragicamente achar que assim sempre foi e assim sempre será.

Por detrás da imagem de um país cordial e pacífico, que tentamos vender para outras nações, somos um país que convive anualmente com cerca de 59 mil mortes violentas intencionais (homicídios, latrocínios, lesões seguidas de mortes, policiais mortos e mortes pela polícia), aproximadamente 48 mil registros de estupros. E, se não bastasse esse quadro, segmentos importantes da sociedade valorizam a morte como resposta para o controle do crime e a busca da justiça.

Isso porque, para se ter uma ideia, o número de mortos decorrentes de intervenção policial já é, sozinho, a segunda causa de mortes violentas intencionais e é 46,6% superior ao número de latrocínios, crime que choca e apavora a todos nós. Estamos diante de um "mata-mata" extremamente cruel, que incentiva a ideia de policial vingador, porém não oferece aos quase 700 mil policiais nada além de uma insígnia de herói quando de suas mortes em "combate", que atingiram o número de 398 em 2014.

Enquanto isso, não avançamos no enfrentamento de questões-chaves para o país e viramos presas fáceis dos discursos de ódio e da falta de informações que possam dar racionalidade ao debate público. Num exemplo, o crescimento da população carcerária brasileira entre 1999 e 2014 foi de 213,1%. Mantido este ritmo, em 2030, ano em que a ONU pactuou como base para o cumprimento das metas dos Objetivos de Desenvolvimento Sustentável, anunciados em setembro de 2014, o Brasil terá alcançado uma população prisional de 1,9 milhão de presos adultos. Hoje temos 1.424 unidades prisionais e, para dar conta deste contingente, o país precisaria construir, em quinze anos, outras 5.816 unidades. Mas a que custo?

Em outra direção, estudo do Ministério da Justiça sobre as "macro causas" dos homicídios no Brasil identificou que as mortes violentas são resultado de uma combinação perversa entre realidade socioeconômica e demográfica do país, dinâmica do crime organizado e, o mais preocupante, as respostas públicas frente a estas questões.

Ao mesmo tempo, temos uma sociedade fraturada em relação a como lidar com crimes e criminosos. Segundo pesquisa Datafolha-FBSP, 50% dos residentes nas grandes cidades brasileiras concordam com a frase "Bandido bom é Bandido Morto". Este percentual é maior para homens (52%); moradores da região Sul do país (54%); e autodeclarados brancos (53%). Por outro lado, 45% da população discordam dessa afirmação. Considerando a margem de erro, há um empate e uma disputa pela legitimidade desta frase.

O Estado, em suas múltiplas esferas e poderes, tem optado por manter um sistema fracamente articulado e dissipa suas energias em disputas entre suas instituições. Iniciativas que visam integração e a construção de coalizões, mesmo apoiadas por mais de 80% da população das grandes cidades brasileiras, não conseguem vencer resistências e ficam quase sempre como promessas de um eterno porvir, quase como resquício de um sebastianismo que marca nossa herança cultural.

Vivemos ofuscados pela violência e num eterno presente, que teima em não aprender com as lições do passado e insiste em acreditar que o futuro "somente a Deus pertence". Ficamos à espera de um salvador. Por este raciocínio, é mais fácil matar o mensageiro – no caso, recusar dar transparência e prestar contas à sociedade sob o frágil argumento de divulgar dados atrapalha gestores– do que ter coragem política e disposição para fazer diferente, reconhecer nossos limites e inovar.

Se, historicamente, o Estado potencializa a violência por ação ou por omissão no Brasil, a centralidade do problema abre uma janela de oportunidade para, independente de preferências políticas, mobilizar e ampliar apoios em torno de uma aliança pela redução das mortes violentas intencionais no Brasil. Ajude a disseminar esta ideia, compartilhe propostas que valorizem a vida pela #MaisVida e ajude a fazer de uma ideia uma mudança efetiva...

# O 11/09 BRASILEIRO

(Publicado no jornal *O Estado de S. Paulo*
em 10 de junho de 2012)

*Renato Sérgio de Lima*

Quando os EUA, logo após os atentados de 11/09, decretaram o *Patriotic Act*, autorizando o Estado a monitorar a vida da população, muitos defenderam que a medida significava uma violação aos direitos individuais e poderia ser o primeiro passo para que, em alguns casos, a segurança nacional justificasse atos extremos como tortura de presos e de suspeitos.

Até pela influência geopolítica dos EUA no Ocidente, o medo de novos ataques terroristas criou um ambiente sócio--político e cultural que, na última década, relativizou conquistas históricas no campo dos Direitos Humanos e enfraqueceu o discurso daqueles que defendem que segurança pública seja uma prioridade, mas executada a partir de rigorosos mecanismos de controle e transparência.

Em países como o Brasil, de resiliente tradição autoritária, instituições como as Polícias foram historicamente estimuladas a garantir a "ordem", mesmo que isso signifique fazer "aquilo que ninguém tem coragem de fazer".

Ou seja, às polícias caberia definir a fronteira cotidiana entre o legal e o ilegal, que é cambiante e que, para a opinião pública, será mais ou menos rigorosa, a depender se essas corporações se dedicarem mais ou menos ao controle dos "bandidos".

Há um pacto de silêncio e um comportamento dúbio por parte da sociedade que, quando interessa, exige da polícia um comportamento republicano e democrático, mas, quando atingida por situações de violência ou desordem, "compreende" e aceita que essa mesma polícia faça acordos, adote medidas extralegais para conter o medo e a criminalidade ou que funcione como reguladora moral de comportamentos e pessoas tidas como perigosas.

E é em torno desse ambiente que temos que analisar os dados publicados pelo Núcleo de Estudos da Violência da USP. Segundo a USP, o percentual de entrevistados que discordavam totalmente do uso da tortura como ferramenta de trabalho das polícias caiu de 71,2%, em 1999, para 52,5% em 2010. De igual modo, quase um terço da população aceita medidas "extralegais" como coação e choques como técnicas de investigação.

Parcela significativa da população brasileira parece conceder às polícias autorização para matar, numa analogia aos filmes de Ian Fleming.

Como resultado, ações de controle do uso da força pelas polícias adotadas no contexto da redemocratização perderam nos anos 2000, de acordo com Samira Bueno, da FGV, centralidade nas políticas de segurança pública.

É verdade que tais ações não foram extintas, mas foram absorvidas pela burocrática lógica do Estado brasileiro, que transforma temas da agenda de Direitos Humanos em assuntos opacos e os relega a diretrizes que servem, quando necessário, aos discursos dos níveis político e estratégico da segurança pública.

Não há procedimentos operacionais que efetivamente se traduzam em mecanismos de controle e valorização profissional, tais como redução do nível de vitimização nas ações policiais e diminuição das taxas de violência letal no Brasil. E, dramaticamente, os esforços para melhorar a gestão por meio da estruturação de sistemas de informação não contemplam tais temas entre aqueles previstos de ser monitorados.

Exceto São Paulo e Rio de Janeiro, que publicam dados

sobre o assunto, poucas são as Unidades da Federação que reúnem condições de informar quantos, dos cerca de 50 mil homicídios anuais cometidos no país, correspondem a ocorrências envolvendo policiais. Sem tais informações o tema continuará sendo tratado como uma disputa de dois times antagônicos para saber quem tem razão e não como oportunidade para aproximar polícia e sociedade.

Se tomarmos o caso paulista, pelo qual cerca de 20% dos homicídios foram cometidos por policiais, fica claro que a questão não pode ser vista como secundária.

O fato é que as polícias são acionadas para resolverem problemas das mais diferentes naturezas e, numa democracia, pressupõem balizas e mandatos claros sobre competências e atribuições.

# REFORMA E CONTROLE, NÃO EXTINÇÃO

(Publicado no jornal *Folha de S.Paulo*
em 28 de julho de 2012)

*Renato Sérgio de Lima*

O debate sobre a extinção das Polícias Militares reabre, mais uma vez, a ferida do colapso da segurança pública no Brasil.

De um problema social de primeira grandeza, a segurança teima em ser relegada a condição de pária político, da qual grande parcela dos políticos procura manter uma distância regulamentar ou, se a assume em seus discursos, é para explorá-la a partir do culto ao ódio ou do medo da população.

Afinal, a violência urbana persiste como um dos mais graves problemas sociais no Brasil, totalizando mais de 800 mil vítimas fatais nos últimos 15 anos.

Nosso sistema é caro, ineficiente, capacita e paga mal aos policiais e convive com padrões operacionais inaceitáveis de letalidade e vitimização policial.

Em suma, não conseguimos oferecer serviços de qualidade e, com isso, reforçamos a perversa desigualdade social do país.

É fato que a história recente da segurança pública no Brasil tem sido marcada por demandas acumuladas e mudanças incompletas. Ganhos, como a redução entre 2000 e 2011 dos homicídios em São Paulo, tendem a perder força, na medida em que não há normas técnicas, regras de conduta ou padrões capazes de modificar culturas organizacionais ainda baseadas na defesa do Estado e não da sociedade.

As instituições policiais e de justiça criminal não experimentaram reformas significativas nas suas estruturas. Avanços eventuais no aparato policial e reformas na legislação penal têm se revelado insuficientes para reduzir a incidência da violência urbana, numa forte evidência da falta de coordenação e controle.

Por isso, falar em extinção das Polícias Militares reduz essas questões a um jogo truncado por defesas corporativas e agendas técnica e politicamente enviesadas e parciais, que podem, mesmo que involuntariamente, mais contribuir para a manutenção do atual quadro do que para transformá-lo.

Resultados perenes só podem ser obtidos mediante reformas estruturais do sistema de segurança pública e justiça criminal, bem como do efetivo comprometimento político dos Poderes Executivo, Legislativo e Judiciário.

Essas reformas devem envolver a construção de um verdadeiro Sistema Único de Segurança Pública no Brasil, que tem de:

- Atualizar a distribuição e a articulação de competências entre União, Estados e Municípios;

- Criar mecanismos efetivos de cooperação entre eles;

- Reformar o modelo policial estabelecido pela Constituição para promover a sua maior eficiência;

- E estabelecer requisitos mínimos nacionais para as instituições de segurança pública no que diz respeito à formação dos profissionais, à prestação de contas, ao uso da força e ao controle externo.

É em torno dessa agenda que o Fórum Brasileiro de Segurança Pública propôs a criação de uma comissão de especialistas para subsidiar mudanças legislativas necessárias à sua viabilização, bem como a articulação de um novo pacto republicano de Poderes para a efetivação prática dessas mudanças.

STF, CNJ, Governadores e Presidenta da República também têm um papel político que supera em muito os aspectos técnicos e gerenciais envolvidos.

Tal agenda é capaz de surtir efeitos muito maiores do que a extinção de uma ou de outra polícia.

Se, para Hannah Arendt, a violência aniquila a política, manter o nosso atual modelo de segurança pública significa a nossa capitulação frente ao medo, a insegurança e a vontade de vingança.

# É HORA DE REFORMAR AS POLÍCIAS

(Publicado no jornal *O Estado de S. Paulo*
em 18 de novembro de 2012)

*Renato Sérgio de Lima*
*Samira Bueno*

Muito já tem sido dito nos últimos dias sobre a crise na segurança pública em São Paulo e, mais recentemente, em Santa Catarina. Porém, só de modo residual, começam a ressurgir questionamentos acerca do modelo que organiza as polícias brasileiras e que, ao invés de dotá-las de eficiência no enfrentamento ao crime organizado e à violência, as enfraquece e as torna reféns de estruturas burocráticas, ineficientes e arcaicas.

Os acontecimentos dos últimos três meses são repetições de situações agudas vividas em quase todos os estados brasileiros nos últimos 15 anos e demonstram o quão distante estamos dos padrões de civilidade de países desenvolvidos. Segurança tem se resumido à administração de uma constante agenda de crises, intercaladas por momentos de calmaria.

Mas até onde conseguiremos postergar esforços para a reversão estrutural dessa situação?

O Estado, em seus vários poderes e instâncias, tem atuado a partir de um oneroso sistema de segurança pública, que fica recorrentemente paralisado por disputas de competência, fragmentação de políticas e jogos corporativos, mas que, paradoxalmente, demanda investimentos crescentes para se manter.

E, infelizmente, no meio, ficam a população, sem força política suficiente para influenciar novas agendas, e os mais de 600 mil policiais brasileiros, que na ausência de regras claras de valorização profissional, só são lembrados como heróis quando são mortos.

Na brecha e no cotidiano das periferias das regiões metropolitanas, o medo e a insegurança acabam fortalecendo o crime e pautando a relação entre polícia e comunidade; entre Estado e Sociedade.

Não é possível pedir civilidade e dignidade ao crime, mas é, sim, possível exigir racionalidade e eficiência democrática dos gestores públicos responsáveis por fazer frente à violência, ao medo e à criminalidade.

No lugar da cultura de ódio que tanto marca manifestações públicas sobre o tema, temos que defender a garantia de direitos como o que diferencia o Estado da barbárie. Uma polícia forte não é sinônimo de violência, de obtenção de provas por meio de coações e/ou grampos indiscriminados.

O Brasil que queremos precisa de uma polícia forte e valorizada e que seja conhecida da comunidade. Polícias distantes dificultam não só a prevenção da violência mas também a investigação de crimes. Sabendo a quem recorrer, fica muito mais fácil confiar na polícia e ajuda-la a cumprir sua missão.

A polícia não pode trabalhar sozinha e criar vínculos públicos com a comunidade tem sido uma das estratégias mais bem sucedidas no mundo. Ações de reorientação das práticas policiais em direção à participação da comunidade na formulação e execução de ações (conselhos, bases de polícia comunitária, entre outros) mostraram-se muito mais eficazes na reconquista da legitimidade e de espaços.

A história recente das políticas de segurança nos ensina que, entre as ações que mais tiveram êxito em reverter as taxas de violência, o envolvimento com a comunidade tem sido mais eficiente se associado a práticas integradas de gestão, pelas quais há uma irredutível aliança entre técnica e política.

E nessa aliança, as melhores práticas concentraram suas energias no tripé aproximação com a população, uso intensivo de informações e aperfeiçoamento da inteligência.

Por uso intensivo de informações compreendemos a adoção de técnicas de produção de indicadores e análise de dados para planejamento, monitoramento e avaliação de operações policiais. Elas foram fundamentais para otimizar recursos humanos e materiais no dia-a-dia das polícias.

Já no aperfeiçoamento da inteligência, queremos destacar os esforços de coordenação dos fluxos de dados para a investigação criminal com vistas a reduzir ruídos e produzir provas mais robustas e que permitam punir quem comente um delito.

No entanto, por melhores que sejam essas práticas de gestão, sem uma mudança substantiva na estrutura normativa das polícias, o quadro de insegurança hoje existente tenderá a ganhar contornos dramáticos.

Uma das lições de países que conseguiram reformar suas polícias, como Irlanda e África do Sul, é que quando a atividade policial deixa de ser autônoma e passa a responder à lógica das políticas públicas muito se ganha.

Para além de soluções puramente técnicas, percebe-se que os problemas da área podem ser mitigados quando a política está efetivamente comprometida na construção de uma nova postura do Estado em relação à sociedade.

E, na esperança de que tal situação vire realidade, propomos a criação de uma Comissão Especial do Congresso para, em seis meses, elaborar um anteprojeto de reforma das polícias brasileiras.

Estamos diante de um momento ímpar, pelo qual as crises acontecem num ambiente de consenso de que algo precisa ser feito. Dito isto, precisamos de um passo adiante na busca de um Brasil mais seguro; um passo que alie as melhores técnicas e vontade política de mudar.

# USE COM MODERAÇÃO

(Publicado no jornal *O Estado de S. Paulo*
em 15 de junho de 2013)

*Renato Sérgio de Lima*
*Jacqueline Muniz*
*Samira Bueno*

As manifestações da última semana em várias capitais do País contra o aumento das tarifas de transporte transformaram-se em verdadeiros campos de batalha e comprovam o despreparo dos governos e das polícias brasileiras em lidar com as novas e difusas formas de manifestações de diferenças e conflitos sociais.

O Brasil não sabe administrar demandas sociais que não seja pela criminalização e pelo reforço da capacidade de coerção das polícias. Infelizmente o quadro é ainda mais dramático e não se resume a nós.

Em maio, na Turquia, manifestações foram violentamente reprimidas pela polícia em Istambul, Izmir, Adana e Ancara. A Confederação dos Servidores Públicos organizou uma greve geral contra a violência policial nos dias 4 e 5 de junho últimos.

Na Espanha, a greve geral de abril de 2012 foi reprimida com excesso de violência. O protesto contra as medidas de austeridade econômica terminou com 13 presos. Na semana seguinte, mais de mil pessoas protestaram contra a violência da polícia.

Na Grécia, depois de repetidas ações policiais violentas, o país passou dez dias em revolta, com ocupação e depredação de bancos, praças públicas, escolas e carros de polícia.

Nos EUA, o movimento *Occupy Wall Street* foi reprimido com spray de pimenta em manifestantes e repórteres que já estavam detidos e imóveis. A marcha que começou contra a crise na economia acabou se tornando também um movimento contra a violência policial.

Vale dizer, porém, que as polícias não são as únicas responsáveis pela violência. A capacidade coercitiva de uma polícia e as formas de seu emprego materializam as prioridades e escolhas de um determinado governo. Afinal, em qualquer democracia a polícia é a política em armas.

Cabe ao governo, legitimamente eleito, explicitar suas escolhas de meios de força que possam atender às metas de sua política de direitos humanos e segurança, permitindo a ação bem-sucedida da polícia.

Assim, um governo deve exigir, graduar ou proibir a posse de determinadas capacidades coercitivas, definidas e regradas em termos das circunstâncias (oportunidade) e formas (propriedade) do uso de força policial. Governar a polícia corresponde a definir e controlar sua capacidade de ação antes, durante e depois dos eventos em que é chamada a intervir.

Por isso, uma doutrina de uso comedido de força que produza superioridade de métodos à luz dos fins públicos da política não se constitui como reserva técnica sigilosa de tal ou qual governo ou organização policial. Inversamente, ela é transparente, conhecida e validada pela comunidade política que delega às polícias o mandato de produção de obediências consentidas às regras legais e legítimas do jogo social.

Não cabe ao governante ora permitir ora proibir protestos, por exemplo, na Av. Paulista. Devem existir regras claras de convivência e exercício dos diversos direitos de cidadania. Na falta delas, o recurso legal e legítimo de força perverte-se em violências que se abrem ao abuso de, e desacatos a, autoridade.

Quando a doutrina de uso da força é rebaixada à condição de um pseudomonopólio de dirigentes políticos, tem-se como resultado a desgovernança dos meios de força, situação na qual todos perdem e se tornam inseguros em sua ação. Todos ficam reféns de retóricas defensivas e reativas que buscam os "culpados da vez", frequentemente os policiais da ponta da linha, os manifestantes e os cidadãos comuns, e que servem como escaramuças para seguir sustentando uma responsabilização política difusa.

Nesse processo, não podemos equiparar as novas formas de organização e manifestação social ao crime organizado e tratá-las como "quadrilhas". Esse é o caminho perigoso que leva à perda de confiança nas agências de segurança pública. Há que inovarmos nas formas de administração de conflitos coletivos e difusos.

Compete ao governo autorizar determinados armamentos e alguns de seus modos de uso. É com um projeto de força para a polícia que se comunica à sociedade os fins de uma política de segurança, sob a qual se é inevitavelmente responsável. Os excessos não são meramente individuais.

Meios de força são invasivos por natureza. Mas, por trás das decisões e ações policiais nas ruas há direitos, valores e, sobretudo, governantes que deveriam delimitar a capacidade coercitiva da polícia para poder, de fato, governá-la.

Faz-se urgente a construção de uma doutrina do uso da força no Brasil que sirva de farol para o aprimoramento das polícias, de modo a emprestar transparência, segurança e mérito técnico às decisões e ações policiais tomadas no calor dos acontecimentos. Só assim, sairemos do círculo vicioso de buscar culpas abstratas e os suspeitos de sempre, em favor da responsabilização que não só blinda a polícia e os policiais da manipulação político-partidária, como também de sua apropriação privatista e corporativa.

# EM DEFESA DA SOCIEDADE

(Publicado no jornal *Folha de S.Paulo*
em 23 de junho de 2013)

*Renato Sérgio de Lima*

A forma como governos e forças policiais reagiram à onda de manifestações sociais, com mais de um milhão de pessoas protestando nas ruas do país, é evidência cabal não só da falência do atual modelo de segurança pública brasileiro mas, infelizmente e de modo preocupante, da fragilidade das instituições democráticas no Brasil.

As polícias brasileiras, à semelhança do que ocorre na Turquia e em outras partes do mundo, estão estruturadas a partir da lógica de defesa dos interesses do Estado e não sabem lidar com a defesa dos interesses da sociedade, ainda mais quando diferentes direitos são contrapostos e elas são chamadas para administrar conflitos.

O país foi tomado por um forte sentimento difuso de insatisfação e, em não existindo uma doutrina nacional de uso da força que balize governos e polícias sobre como atuar para geri-lo, não há certeza sobre como e quando devem agir.

E isso é ainda mais grave quando as manifestações começam a dar pistas de que esta insatisfação difusa vem associada ao crescimento do desprezo pela política e pelas instituições, como na repulsa a governos e partidos, ou ao desrespeito às diferenças.

Os governos ficaram atônitos, e o efeito é que há um desproporcional (para mais e para menos) emprego dos recursos de força hoje disponíveis, que paradoxalmente foram modernizados por pesados investimentos em tecnologia e gestão feitos nos últimos 20 anos.

Numa análise jurídica do atual quadro do país, nota-se que segurança pública é um conceito frouxamente formulado e recepcionado na legislação e nas normas que regulam o funcionamento das instituições encarregadas de garantir direitos, ordem e tranquilidade.

Não existe projeto político dos governos para a área, e o debate sobre segurança pública ficou restrito a quem responde melhor aos dramas da opinião pública e investe mais em armas e viaturas. E, em segurança pública, prioridade política não se traduz apenas em mais recursos financeiros.

Slogans são criados e investimentos são feitos, mas sem discutir os ruídos, no pacto federativo, do modelo bipartido de organização policial (civil e militar), do papel desempenhado pelas Polícias Civil, Militar e Federal; pelo Ministério Público; e pelos Três Poderes.

Na incapacidade de definir um protocolo transparente de intervenção, os governos abrem margem para a violência eclodir e fortalecem a tendência de homogeneização do comportamento de organizações de um mesmo campo.

Esta tendência é chamada de isomorfismo, entendido como um processo de constrangimento organizacional que, sob as mesmas condições, força as organizações à assemelharem-se a organizações que reconhecem como referência.

Uma das forças desse isomorfismo é a incerteza. Quando as organizações são pouco transparentes, seus objetivos são ambíguos ou o ambiente social gera incertezas simbólicas, as polícias tendem a incorporar soluções adotadas por essas outras organizações. No caso das PMs, as soluções encontradas ainda estão sob forte identidade das Forças Armadas. Mesmo reconhecendo o esforço, nas últimas décadas, para mudar padrões, por trás das balas de borracha e do tratamento de busca e captura de manifestantes há a ideia de que existe um inimigo.

Isso não é exclusividade das polícias militares. O enquadramento dos manifestantes no crime de «formação de quadrilha» é outro exemplo de que estamos despreparados para administrar conflitos, pois ele repete o tratamento penalizante dispensado ao crime organizado.

Por maior que seja a disposição de segmentos importantes das forças policiais para se adaptarem à ordem democrática, a falta de prioridade política e a força do isomorfismo das organizações impedem que mudanças significativas ocorram sem envolvimento da sociedade.

Ou radicalizamos na transformação das instituições responsáveis por prover segurança pública ou continuaremos reféns das crises e das eclosões de violência. A violência e a insatisfação que surgem das manifestações e da forma como governos e polícias a ela reagem são sintomas de profundo mal-estar da sociedade com o modelo de organização do Estado. Ou compreendemos esse mal-estar e saímos da zona de conforto do senso comum e do cálculo eleitoral ou corremos riscos de retrocesso institucional. As conquistas sociais são fundamentais, mas não são suficientes para mudar o país.

# O SEQUESTRO DAS POLÍCIAS BRASILEIRAS

(Publicado no jornal *Folha de S.Paulo*
em 14 de abril de 2014)

*Renato Sérgio de Lima*
*José Reinaldo de Lima Lopes*

Os 50 anos do Golpe de 1964 acontecem em meio ao recrudescimento de permanentes crises na segurança pública, com vários acontecimentos que não deixam o tema sair da agenda política desde meados de 2013 e que agora culminam com mais uma operação das forças armadas no Rio de Janeiro e com várias ameaças de ataques do crime organizado pelo país.

Diante dessa conjunção de fatores, muito se discute sobre a herança da ditadura em relação às polícias, em especial as militares, que ainda fazem uso da força em sua gradiente máximo, causando um número alarmante de mortes.

O problema é que, quando analisamos a história das polícias no Brasil, percebemos que seus padrões operacionais são mais antigos do que 64 e remontam ao período de formação da ideia de nação. Eles são fruto de desdobramentos históricos e da combinação de razões econômicas, políticas e de cultura jurídica que atribuem papel ambíguo às instituições policiais.

As polícias retratam, desse modo, a forma como o Brasil optou por administrar conflitos sociais e de se conceber como nação.

Se antes elas serviam aos interesses de elites locais, o fato novo, pós 1964, foi que o regime sequestrou e homogeneizou as polícias brasileiras em nome de um projeto de desenvolvimento autoritário e as submeteu à ideia de forças auxiliares à manutenção do poder, pela qual elas têm que tutelar e vigiar a sociedade e aqueles considerados perigosos.

E, numa analogia aos efeitos da síndrome de Estocolmo, que faz vítimas de sequestros se identificarem com os seus algozes e simpatizarem com suas causas, as polícias viram nesse movimento o ambiente perfeito para, após a redemocratização, reforçar suas autonomias em relação ao poder político, visto muitas vezes com desconfiança frente à missão de defesa da ordem. Tendem a identificar-se com a cultura do "inimigo interno", em clima de guerra.

Porém, as ameaças do crime organizado, as altas taxas de crimes violentos e a baixíssima capacidade dos órgãos de justiça e segurança em prevenir a violência e evitar a impunidade mostram que algo está fora da ordem e que as polícias civil e militar, insuladas em seus projetos de corporação, não conseguem fazer frente aos desafios contemporâneos impostos pelo crime e pela dinâmica de uma sociedade plural e democrática.

O fato é que a redemocratização do país conseguiu localizar o cativeiro institucional em que as polícias são mantidas reféns mas não as convence por completo de que vida e garantia de direitos são os bens máximos a serem preservados.

Hoje temos polícias com acesso às mais modernas ferramentas tecnológicas e formadas por homens e mulheres altamente qualificados e com preparo intelectual, muitos com disposição para inovar e construir padrões de policiamento mais eficientes. Porém, há uma enorme disputa pelo significado de lei, ordem e segurança pública em curso.

E, em meio a essa disputa, a democracia não consegue resgatar as polícias da ideologia do "bandido bom é bandido morto", muitas vezes reforçada pelo Ministério Público e pelo Judiciário quando estes não condenam os padrões policiais de uso da força no Brasil como anômalos e inaceitáveis.

Desse modo, ao largo do notável aprimoramento técnico operacional dos últimos 20 anos, o resultado é que a herança do golpe de 1964 ainda nos impõe um silêncio obsequioso de governos frente ao problema da segurança pública que reforça ecos autoritários do passado e nos desafia a pensar em um projeto de reforma da polícia que a valorize como uma instituição central do Estado de Direito e da Cidadania.

# MONOPÓLIO DA SEGURANÇA

(Publicado no Jornal *O Estado de S. Paulo*
em 13 de setembro de 2014)

*Guaracy Mingardi*

Devido à burocratização e à legislação confusa, no Brasil é comum que alguns grupos briguem para manter o monopólio de um serviço. As desculpas são as mais variadas e incluem afirmações de que isso visa ao bem-estar da população. Mas o que está em jogo não é nada tão altruísta. São só interesses corporativos. O caso mais recente é o de uma associação de oficiais da Polícia Militar que quer, por meio do Supremo Tribunal Federal, impedir as guardas municipais de atuarem na segurança da população. De acordo com o recém-aprovado Estatuto Geral das Guardas (lei nº 13.022), elas se transformaram em uma nova polícia preventiva, porém civil. Entre suas atribuições estão preservar locais de crime (algo que a PM detesta) e fazer segurança escolar (algo que já acontece em diversas cidades).

A principal argumentação do recurso ao STF é de que a lei transforma as guardas civis em uma polícia preventiva, o que seria uma "invasão da competência constitucional das polícias militares". Talvez alguns oficiais estejam realmente preocupados com o atendimento à população, mas por trás do jargão jurídico se nota que a maior preocupação é a manutenção do monopólio policial militar.

Durante mais de 40 anos (1926 a 1968) tivemos duas polícias preventivas no Estado de São Paulo: a Força Pública e a Guarda Civil Estadual. E o sistema funcionava, com cada polícia atuando numa área distinta e competindo entre si para mostrar serviço. Em 1969 o regime militar, para controlar as polícias e facilitar a repressão política, juntou as duas instituições, criando a Polícia Militar, que nasceu ainda mais militarizada do que a Força Pública, ficando muito tempo sob o comando de oficiais do Exército. Essa medida aumentou a zona de atrito entre a prevenção, comandada por coronéis, e a investigação, comandada por delegados. E até hoje pagamos a conta disso, pois o estranhamento entre policiais civis e militares continua a todo vapor.

Outra tentativa de manter o monopólio foi um Projeto de Emenda Constitucional rejeitado no ano passado. A PEC 37, elaborada por delegados de polícia, visava a impedir o Ministério Público de investigar. A disputa provocou manchetes e ajudou a levar milhares de pessoas às ruas em 2013. Aliás, se a PEC tivesse sido votada antes de junho talvez tivesse passado, mas para os manifestantes essa emenda tinha por finalidade impedir as investigações contra a corrupção.

Da mesma forma que no caso anterior, os motivos da ação foram basicamente corporativos. As associações de delegados, desde que a Constituição de 1988 aumentou o poder do Ministério Público, têm só duas pautas permanentes: limitar o exercício do controle externo da atividade policial pelo MP e manter o monopólio da investigação criminal. Poucos discutem melhoria do serviço. Outra semelhança com a ação da PM é que a questão corporativa veio a público embalada como "preservação de direitos, manutenção da qualidade do serviço público, etc.". Na realidade, ambas tentavam manter o monopólio de uma atividade essencial, sem discutir se ela está sendo realizada a contento.

Um terceiro caso de monopólio é o das Forças Armadas, que fazem questão de controlar a Agência Brasileira de Inteligência (Abin), o serviço civil de informações de Estado. Através do Gabinete de Segurança Institucional, dirigido sempre por um general, as Forças Armadas controlam a Abin, e dessa forma mantêm o monopólio das informações que chegam à Presidência. Tanto relatos sobre temas corriqueiros numa democracia, como movimentos sociais e greves, quanto problemas sérios, como tumultos e espionagem estrangeira, são filtrados pelos militares antes de chegar ao gabinete presidencial.

Os três casos mencionados mostram os caminhos das instituições de segurança para manter seu monopólio, cada uma utilizando um método diferente e com resultados diversos. A proposta da PM será ou não mantida pelo Judiciário. A da Polícia Civil foi negada pelo Congresso e o poder dos militares está mantido, pelo menos até agora, por causa de pressões políticas.

O problema com o monopólio é que ele facilita a incompetência e a má-fé. Se somente a PM prevenir o crime, a Polícia Civil investigar e o Exército informar a Presidência, como avaliar os resultados de suas ações? E se uma das instituições não realizar o serviço, que fazer?

Apesar de concordar que o Estado deva manter algum controle sobre a segurança, isso não significa que internamente não possa haver concorrência entre instituições. Já que o liberalismo está na moda: o que diria Adam Smith sobre o monopólio de uma atividade dentro de um único organismo do Estado?

# A VIDA DO POLICIAL IMPORTA

(Publicado no jornal *O Estado de S. Paulo*
em 19 de fevereiro de 2016)

*Rafael Alcadipani*

Dados publicados no Anuário de Segurança Pública de 2015 mostram que ao menos um policial é morto por dia no Brasil. De acordo com levantamento do Fórum Brasileiro de Segurança Pública e do Núcleo de Estudos sobre Organizações e Pessoas, da FGV - EAESP, realizado no ano passado com mais de 10 mil policiais das diferentes forças policiais em todo o País, 61,9% dos que responderam a pesquisa relataram que tiveram algum colega próximo vítima de homicídio em serviço. Fora de serviço, o número passa para impressionantes 70% dos policiais cujos colegas próximos foram vítima de homicídio. É raro passarmos uma semana sem um caso de execução de policiais relatado na imprensa. Não é apenas o homicídio que ameaça a vida dos policiais brasileiros. O suicídio e o adoecimento acarretado pelo estresse e pelas dificuldades que os policiais enfrentam em seu dia a dia compõem o drama cotidiano da profissão em nosso país. Recentemente, o cineasta José Padilha, diretor de Tropa de Elite e da série *Narcos*, argumentou em entrevista que o absurdo foi naturalizado no Brasil, e a facilidade com que a sociedade brasileira aceita o morticínio de policiais deixa o fato constatado por Padilha ainda mais evidente.

A vulnerabilidade do trabalho policial tem na frequência com que policiais são vitimados fatalmente a sua face mais repugnante. Porém, não podemos deixar de considerar que há todo um sistema que contribui para a fragilidade da profissão no País. Em primeiro lugar, destacam-se as péssimas condições de trabalho com que policiais lidam no dia a dia. Sobram histórias de armas fornecidas pelo Estado que às vezes falham, às vezes disparam sozinhas. É insistentemente comum que policiais tenham que comprar equipamentos para poder realizar as suas funções. Há casos em território nacional em que os polícias precisam levar para o serviço o próprio papel higiênico. Isso sem falar que o apoio psicológico é privilégio de poucas polícias brasileiras. Um segundo aspecto é a baixa remuneração. Policiais brasileiros, com grande frequência, precisam ter trabalhos fora da polícia para poder complementar a renda familiar. A remuneração inadequada e insuficiente deixa os policiais em situação de extrema vulnerabilidade. Em terceiro lugar, há o fator medo que ronda diuturnamente a mente dos policiais. Muitos chegam ao ponto de precisar esconder de seus próprios vizinhos a profissão que exercem.

Diante deste contexto, medidas urgentes precisam ser tomadas para romper esse círculo vicioso que gera o morticínio nas polícias. É fundamental uma articulação dos governos para fornecer aos policiais condições reais de trabalho, com equipamentos adequados e efetivo condizente com os desafios do País. Parcerias com universidades poderiam ser úteis para mitigar problemas como a falta de apoio psicológico. Outro ponto importante é a melhoria da remuneração, que poderia também ocorrer em forma de salário indireto. Por exemplo: policiais poderiam ter benefícios fiscais e também juros subsidiados para comprar casa e arcar com a educação de seus filhos, por exemplo. É urgente, ainda, a produção de pesquisas que esmiúcem as causas do morticínio de policiais no País. Os governos, também, precisam mostrar mais sensibilidade para o problema agilizando a liberação das indenizações dos policiais vitimados e buscando amparar as famílias das vítimas. Mas, antes disso, seria fundamental agir nas causas do problema. Finalmente, campanhas como a capitaneada por membros do Garra da Polícia Civil de São Paulo são fundamentais para conscientizar a sociedade da importância de se preservar a vida de nossos policiais. A vida do policial importa, e muito.

# O FIM DE UM MODELO

(Publicado na revista *Carta Capital* em
6 de janeiro de 2011)

*Renato Sergio de Lima*

A candidata vencedora, Dilma Rousseff, focou atenções em defender o padrão de policiamento de proximidade que ganhou fama com as Unidades de Polícia Pacificadora (UPPs), no Rio de Janeiro. Suas propostas centraram-se no caráter gerencial, de incremento de recursos humanos, materiais e financeiros

O modelo de segurança pública do País encontra-se, todavia, esgotado e nenhum padrão de policiamento, sozinho, dará conta dos desafios políticos e organizacionais hoje impostos. O risco, no caso das UPPs, é serem vistas como salvadoras da pátria e esvaziadas, no médio prazo, pelo seu próprio sucesso.

Pela capacidade de criar expectativas positivas na população e levar cidadania a territórios antes dominados pelo crime e pelo medo, de fato as UPPs conseguiram inverter a tendência da população brasileira de achar que não há soluções no campo da segurança pública. A conquista de território e o inédito esforço integrado entre polícias estaduais, federais, Forças Armadas e entre os poderes Executivo e Judiciário são os principais diferenciais a ser considerados.

Há, sim, perspectivas de futuro. Contudo, para pensar esse futuro, é necessário compreender que segurança pública é um problema de gestão e de política. Não é, portanto, um problema de polícia no Brasil.

É válido lembrar que, nesse processo, iniciativas menos midiáticas, mas de igual impacto no controle da violência, também foram ou estão sendo desenvolvidas em Pernambuco (Pacto pela Vida), Minas Gerais (Fica Vivo) e São Paulo (Polícia Comunitária). O padrão de polícia de proximidade é, portanto, uma das ferramentas poderosas à disposição do Estado e deve não apenas ser preservada, como reforçada pelos governadores eleitos e reeleitos, bem como contar com o apoio do governo federal em termos financeiros e logísticos. Em suma, é uma receita que tem dado certo.

Mas sua ampliação terá de lidar com aspectos pouco triviais: quantos e quem serão os policiais deslocados para ocupar os territórios? Eles terão uma remuneração diferenciada? Que equipamentos serão necessários? Como o padrão de policiamento de proximidade manterá a interlocução com as demais unidades policiais e como ele se relacionará com a divisão de competências entre polícia Civil e Militar?

Além disso, serão necessários mecanismos de controle específicos para coibir abusos e práticas de violência e corrupção? Teremos outra escala de trabalho para esses policiais, na medida em que eles precisam se aproximar da população e as atuais escalas inviabilizam um contato mais próximo das comunidades.

Enfim, os responsáveis pela política de segurança da presidente Dilma terão de se debruçar sobre diversos desafios específicos ao padrão por ela defendido durante a campanha. Entretanto, quase todos não são exclusivos a esse padrão e dizem respeito à capacidade de gestão política do sistema de justiça e segurança pública.

Nessa direção, várias questões precisam ser respondidas no plano nacional e dependem da articulação e coordenação da União. A coordenação política do governo deverá demonstrar criatividade para chegar a acordos no que diz respeito à PEC 300, que fixa um piso salarial único para os policiais brasileiros, como também com relação à proposta de reforma do Código de Processo Penal, em tramitação no Senado, e que visa simplificar etapas processuais e dar maior agilidade e eficiência ao sistema de Justiça Criminal.

Isso sem falar nas políticas prisionais e penitenciárias e na relação com o Poder Judiciário e com o Ministério Público, que também exigirão liderança política para que a integração não seja apenas vista como um recurso para momentos de crise. A Estratégia Nacional de Segurança Pública é um exemplo.

Sem essa discussão, o esforço observado no Rio de Janeiro e que integrou as Forças Armadas e polícias estaduais poderá ser um ponto fora da curva e fica dependente, sempre, da vontade dos governantes. Nesses casos, como já visto em alguns estados, a fragmentação volta a ser a característica marcante.

Há uma crise de gestão da segurança pública – pouco debatida sob a ótica da governança –, que drena recursos vorazmente e opõe diferentes esferas de governo e poder sem reverter por completo o cenário de medo e insegurança. Essa mesma crise provoca um quadro insustentável de taxas elevadas de violência e medo, níveis altos de insatisfação e baixos salários por parte dos policiais, e a permanência de relatos de violência policial e de corrupção. Na brecha, o crime organizado desafia o Estado.

No plano econômico, políticas de segurança pública mais eficientes dependem de mecanismos de financiamento mais ágeis. Essa ação é plenamente factível na futura administração Dilma e pode permitir, em médio prazo, investir na valorização profissional, na modernização tecnológica e processual, e na integração de diferentes esferas de poder e de governo, bem como em formas de participação social e controle. Ao contrário de uma visão simplificadora, não falta dinheiro para a segurança pública no País.

De acordo com dados do IV Anuário do Fórum Brasileiro de Segurança Pública, lançado no dia 14 de dezembro, União, estados, Distrito Federal e municípios gastaram, em 2009, quase 50 bilhões de reais apenas com segurança pública. Se incluirmos despesas com administração penitenciária, esse valor ultrapassa essa marca com folga.

O Brasil é um dos países que mais gastam recursos com segurança pública na América Latina e, ao mesmo tempo, possui uma das taxas de homicídios mais elevadas da região, totalizando cerca de 25 mortes violentas para cada 100 mil habitantes. Colômbia e México são os dois outros grandes países regionais nos quais a violência também é alta. Em sentido contrário, Chile, Argentina e Peru possuem taxas muito menores.

Na América Latina, a delinquência é a principal preocupação da população, segundo levantamento do Latinobarômetro, superando o desemprego. De acordo com esse instituto, em 2010, 30% da população da região afirma que sua principal preocupação é com a delinquência (no Brasil, são 40%), ante 19% que citam o desemprego.

Se os países da região têm em comum a marca da Guerra Fria, pela qual suas instituições policiais foram subordinadas à lógica da segurança nacional e defesa do Estado, há uma série de iniciativas de reformas policiais em curso e que mereceriam a atenção dos dirigentes brasileiros sobre os rumos a seguir.

A modernização da segurança pública passa, indiscutivelmente, pela agenda legislativa e pela construção de pontes de diálogo que, de algum modo, descolem o tema da pauta corporativa das instituições policiais e de segurança, por mais legítimas que sejam. Sem um forte posicionamento a favor da mudança, as chances de reformas legais são mínimas. Um dos espaços para essa "concertação" é o Conselho Nacional de Segurança Pública.

Segurança Pública com Cidadania significa, portanto, criar condições para que os territórios nos quais o Estado se fazia ausente passem a ser considerados no rol das políticas públicas, mas também implica um reforço ao compromisso político de eleger esse tema como prioridade política e de governo. E isso engloba não só a União.

Tratar de segurança pública envolve uma série de ações e políticas mais específicas: presença territorial, garantia da ordem pública e democrática, de direitos, policiamento preventivo, de trânsito, ambiental e florestal, bombeiros e defesa civil, investigação criminal e persecução penal, controle de desordens, grandes eventos, distúrbios e do sistema prisional, ações especiais bem como a aproximação com a comunidade, com a juventude, entre outras.

Infelizmente, a tendência do nosso atual modelo é que dirigentes políticos demandem ações pontuais e descontínuas deixando para a polícia a tarefa de atingir metas desejadas. O máximo que se tem é uma chefia mais ou menos carismática que pode ter algum poder de sedução, mas é impotente quanto ao rumo a tomar. Não se trata, portanto, de uma polícia má contra um governo bom, mas da ausência de uma avaliação que identifique os efeitos nocivos da autonomia seja no governo, seja no trabalho policial. Nesse ponto, o fomento à transparência ganha força e relevância.

Inclusive, esse é outro ponto de potencial avanço que o governo Dilma pode atuar firmemente: criar mecanismos que obriguem os estados a apresentar suas estatísticas reais de criminalidade. Isso pode ser feito, por exemplo, condicionando o acesso ao Fundo Nacional de Segurança Pública a apresentação das estatísticas dentro de uma metodologia única, a ser liderada pela Secretaria Nacional de Segurança Pública. O Fórum Brasileiro de Segurança Pública já se colocou à disposição do governo para assessorar o desenvolvimento e implementação dessa metodologia. Sem informações concretas e precisas da situação atual da violência no País, será mais difícil colocar um plano estratégico para enfrentamento do problema.

Em suma, o Brasil só poderá se dizer um País desenvolvido e pronto para os compromissos de sua nova posição internacional quando, efetivamente, responder politicamente e normativamente sobre qual polícia precisa e sobre qual modelo de segurança pública é compatível com a sua democracia. Sem isso, corremos o sério risco destacado por Tomaso di Lampedusa, em O Leopardo, quando diz que é necessário que tudo mude para que tudo fique no mesmo lugar.

# UM PACTO PELA REFORMA DA SEGURANÇA PÚBLICA

(Publicado no jornal *Folha de S Paulo*
em 03 de novembro de 2013)

Renato Sérgio de Lima
Claudio Beato
José Luiz Ratton
Luiz Eduardo Soares
Rodrigo Ghiringhelli de Azevedo

Segurança pública ainda é um tema tabu no Brasil. Avançamos na construção de discursos baseados em princípios de direitos humanos e de cidadania, mas ainda convivemos com um modelo em que a ausência de reformas estruturais obstrui – em termos práticos e políticos – a garantia da segurança pública verdadeiramente para todos.

Os dados publicados na edição 2013 do Anuário Brasileiro de Segurança Pública reforçam a sensação de que vivemos em uma sociedade fraturada e com medo; aflita diante da possibilidade cotidiana de ser vítima e refém do crime e da violência.

Não bastasse isso, nosso sistema de Justiça e segurança é ineficiente, paga mal aos policiais e convive com padrões operacionais inaceitáveis de letalidade e vitimização policial, com baixa taxa de esclarecimento de delitos. Sem falar nas precárias condições de encarceramento.

Não conseguimos oferecer serviços de qualidade, reduzir a insegurança e aumentar a confiança nas instituições, nem conseguimos mediar conflitos e conter atos violentos.

No plano da gestão, paradoxalmente, várias iniciativas

têm sido tentadas: sistemas de informação, integração das polícias estaduais, modernização tecnológica, mudança no currículo de ensino policial.

Porém, são mudanças incompletas. Ganhos como a reversão do medo provocada pela implantação das UPPs, no Rio, tendem a perder força, na medida em que não são capazes, sozinhos, de modificar culturas organizacionais anacrônicas.

As instituições policiais não experimentaram reformas significativas nas suas estruturas. O Congresso, há 25 anos, tem dificuldades para fazer avançar uma agenda de reformas imposta pela Constituição de 1988, que até hoje possui artigos sem regulação, abrindo margem para enormes zonas de insegurança jurídica.

Para a segurança pública, o efeito dessa postura pode ser constatado na não regulamentação do artigo 23, que trata das atribuições concorrentes entre os entes, ou do parágrafo sétimo do artigo 144, que dispõe sobre as atribuições das instituições encarregadas em prover segurança e ordem pública.

Ou seja, há uma enorme dificuldade de se assumir segurança pública como um tema prioritário. Ao contrário do jogo de empurra que tem sido travado, com União, Estados e municípios brigando para saber quem paga a conta e/ou quem manda em quem, segurança pública exige superarmos antagonismos e corporativismos e pactuarmos um projeto de uma nova polícia.

Isso significa que resultados de longo prazo só poderão ser obtidos mediante reformas estruturais que enfrentem temas sensíveis como a distribuição e a articulação de competências e a criação de mecanismos efetivos de cooperação, a reforma do modelo policial determinado pela Constituição e o estabelecimento de requisitos mínimos para as instituições no que diz respeito à formação dos profissionais, transparência e prestação de contas, uso da força e controle externo.

Tais iniciativas devem conduzir a discussão sobre o significado da necessária desmilitarização das estruturas policiais, com a adoção do ciclo completo de policiamento e a instituição de uma carreira única de polícia, que valorize o policial.

É necessário, também, consolidar o sistema de garantias processuais e oferecer adequadas condições de cumprimento de penas. Até porque não podemos deixar brechas para o crime organizado.

Estamos aqui propondo um pacto suprapartidário em defesa da democracia e da cidadania. Os autores deste artigo reconhecem que se encontram em diferentes posições do quadro político brasileiro. A nossa união objetiva reiterar que a reforma do modelo de segurança pública não pode ser mais adiada.

Se conseguirmos fazer isso, quem ganha são os policiais brasileiros e, sobretudo, ganha a sociedade.

# A CULTURA DA PAZ

(Publicado na revista *Carta Capital*
em 2 de janeiro de 2014)

*Renato Sérgio de Lima*

O ano de 2013 ficou marcado como o ano em que a segurança pública voltou para agenda política, sobretudo a partir da atuação das polícias nas jornadas de junho, quando ficou explícita a falência de um modelo que valoriza antagonismos e disputas e que não soube lidar com o caráter difuso das manifestações. Porém, para além desse fato, os principais dirigentes políticos no Brasil teimam em aceitar que segurança pública não é um problema restrito aos estados e, sim, é uma questão vital ao país e que envolve União, estados, Distrito Federal e Municípios, bem como Ministérios Públicos e os três Poderes da República.

E, nesse contexto, os dados publicados pelos Anuários Brasileiros de Segurança Pública indicam que o nosso sistema de segurança é ineficiente, e convive com padrões operacionais inaceitáveis de letalidade e vitimização policial, com baixas taxas de esclarecimentos de delitos e precárias condições de encarceramento. Não conseguimos oferecer serviços de qualidade, reduzir a insegurança e aumentar a confiança da população nas instituições. Por exemplo, no ano passado, pela primeira vez na história, os estupros atingiram a marca de mais de 50 mil registros num ano e superaram os homicídios.

Falar de segurança pública hoje no Brasil não é, portanto, só defender necessárias medidas de combate à violência e à criminalidade, mas ter coragem política e institucional para assumir um pacto pela promoção de uma vida digna e em paz para parcelas majoritárias da população. E, para tanto, seja quem for que vença a eleição deste ano para a Presidência da República, não poderá se furtar de induzir debates acerca de um projeto de uma nova polícia no país e de ações de todas as esferas para mudar um quadro que torna o país um dos mais inseguros e violentos do mundo.

Debates que, por sua vez, devem superar a tradicional dicotomia entre ações incrementais de gestão e iniciativas políticas para a indução de reformas legais, na medida em que ambos os processos políticos são faces de um mesmo movimento de modernização da segurança pública. De nada adianta transformar a gestão em fim em si mesmo de um sistema caduco.

Isso significa que resultados de longo prazo só poderão ser obtidos mediante reformas estruturais que enfrentem alguns temas sensíveis, tais como: a distribuição e a articulação de competências entre União, Estados e Municípios e a criação de mecanismos efetivos de cooperação entre eles e demais Poderes; a reforma do modelo policial; e o estabelecimento de requisitos mínimos nacionais para as instituições de segurança pública no que diz respeito à formação dos profissionais, transparência e prestação de contas, uso da força e controle externo.

Há, desse modo, toda uma agenda de modernização da segurança pública que pode ser acionada por quem vencer as eleições de outubro e, a despeito das elevadas taxas de violência e criminalidade, há avanços em determinados locais, capazes de provocar mudanças pontuais no "modelo de segurança", e que podem servir de ponto de partida para o diálogo.

A história recente das políticas de segurança no Brasil tem mostrado que, dentre as ações que mais tiveram êxito em conter as taxas de violência e crime, aquelas que têm sido mais eficazes são as baseadas no envolvimento com a comunidade, associadas a práticas integradas de gestão. Há, portanto, uma profícua aliança entre técnica e política. As melhores práticas observadas têm se concentrado sobre o tripé: aproximação com a população, uso intensivo de informações e sistemas de metas e aperfeiçoamento da inteligência e da investigação.

Diante do que foi exposto, percebe-se que há muito sendo feito, com inovações e esforços significativos de diferentes governos para melhorar a área no país. Porém, até por já dispormos de um conjunto grande de soluções e experiências, a pergunta que fica é por que, então, o país ainda convive com taxas de crime e violência tão elevadas?

Em primeiro lugar, não há resposta fácil para essa pergunta, mas algumas considerações podem ser feitas a partir das várias iniciativas colocadas em prática no país nos últimos anos, como as UPPs (RJ), o Pacto Pela Vida (PE) e/ou a redução dos homicídios em São Paulo. Por este raciocínio, é possível identificar falhas na execução dos programas da área que, se enfrentadas pelo novo governo saídos das urnas em outubro, poderão significar um novo Brasil, mais digno e seguro. São elas:

a) o baixo grau de institucionalização, com falta de padronização de procedimentos e a ações;

b) a falta de diálogo com as lideranças e organizações sociais locais na implantação das unidades, conferindo à política um caráter vertical;

c) a falta de comunicação com a comunidade também na execução das atividades, impedindo que haja responsabilização e apropriação por parte desta em relação ao projeto;

d) a desmotivação dos policiais que atuam nas unidades territoriais, com falta de incentivos, de treinamento e de uma real compreensão do sentido da polícia de comunidade e da importância da prevenção do crime;

e) a desconsideração das peculiaridades locais e demandas específicas de segurança em cada localidade;

f) a falta de conexão e vínculo entre juventude, o bairro em que os jovens vivem e as polícias; e

g) poucos são os projetos e programas que priorizam

ações de *accountability* (transparência/prestação de contas), muitas vezes justificando que as informações são de natureza estratégica e que primeiro devem ser utilizadas na gestão das políticas (permanência da lógica do segredo).

Em segundo lugar, as experiências nacionais dos últimos anos sinalizam um conjunto de lições aprendidas que devem servir de baliza para a formulação e execução de projetos de segurança pública no Brasil pelos candidatos à Presidência e aos demais cargos que vencerem as eleições de outubro. São elas:

1. Corporativismos e resistências organizacionais ao modelo de segurança cidadã, que muitas vezes se apresentam como barreiras ao desenvolvimento desse tipo de estratégia (divisões e conflitos entre os policiais da direção e os da ponta da linha; divisões e conflitos entre a polícia e outros setores da administração pública), podem ser eficazmente enfrentadas por meio do investimento em treinamento específico e aprofundado e com medidas de modernização normativa;
2. A falta de capacidade de muitas organizações policiais de monitorar e avaliar o próprio trabalho deve ser enfrentada a partir de programas e associações com Universidades, centros de pesquisa e setor privado, com o objetivo de desenvolver intervenções que já estejam previamente desenhadas para a avaliação e monitoramento contínuo;
3. Programas com foco específico para a juventude (incluindo, a negra) tendem a ter resultados mais sustentados ao longo do tempo;
4. A relação que os municípios, estados e União estabelecem em relação à segurança pública não segue um padrão estabelecido. A natureza dessa relação vai depender principalmente do relacionamento de cada município com cada e estado e com a União, com baixa interlocução com as polícias. O mais inte-

ressante seria que todos trabalhassem de forma cooperativa e a partir de uma instância de coordenação, integração e pactuação, à semelhança do SUS ou do SUAS.
5. Estratégias que priorizam a radicalização da transparência e o fortalecimento de mecanismos de controles, requisitos básicos da democracia e da garantia de Direitos Humanos, tendem a ter um grau de institucionalidade maior e mais eficiente do que ações focalizadas apenas na dimensão da modernização tecnológica da gestão das políticas de segurança pública.
6. Os dados sobre gastos com segurança publicados pelos Anuários Brasileiros de Segurança Pública indicam a necessidade dos governos dedicarem maior atenção ao tema do financiamento da segurança pública no Brasil e dos mecanismos de cooperação federativa entre os diferentes níveis de governo. Os gastos estão crescendo num ritmo muito superior ao crescimento do país.

Em síntese, sem uma pauta de reformas estruturais, que inclui mudanças legislativas e fomento às novas práticas organizacionais lastreadas em fortes elos com a transparência e prestação de contas; com o fortalecimento de mecanismos de controle; e com o incentivo à participação social, pouco conseguiremos avançar. Os antagonismos que hoje se fazem presentes devem ser convertidos em janelas de oportunidade para a construção de consensos e paradigmas legais e organizacionais mais alinhados com a perspectiva da segurança pública como a prestação de um serviço para a sociedade e não como a imposição da vontade do Estado. Desse modo, a principal tarefa de quem vencer as eleições é, portanto, priorizar politicamente a segurança pública e fugir da tentação de reduzi-la a uma agenda isolada e meramente gerencial.

# OS DESAFIOS DOS CANDIDATOS NA SEGURANÇA PÚBLICA

(Publicado, em versão ampliada, na revista
*Interesse Nacional* em 15 de julho de 2014)

*Bruno Paes Manso*
*Renato Sérgio Lima*

Numa manhã de março deste ano, policiais militares flagraram o jovem Luan, de 16 anos, roubando um caminhão na zona leste de São Paulo. Quando o garoto viu as luzes piscando e ouviu as sirenes, desceu correndo para tentar fugir e entrar no mercadinho do pai, que ficava nas redondezas. Na perseguição, minutos depois, ele foi localizado pelos policiais, que correram até o comércio para detê-lo. O final é parecido a tantos outros flagrantes que se repetem cotidianamente a ponto de parecer banal: Luan foi morto a tiros, numa situação que, como de costume, estava repleta de testemunhos contraditórios e de atitudes suspeitas por parte das autoridades. Duas testemunhas disseram que Luan se entregou sem resistência, antes de morrer. Que os PMs fecharam a porta do comércio por 40 minutos e não deixaram a ambulância socorrer o jovem. Os PMs negaram as acusações e alegaram que tiveram que atirar em legítima defesa. Mais um caso nebuloso com grandes chances de ser engavetado pela Justiça, para que tudo continue igual, como se nada disso tivesse acontecido.

Essa história foi publicada em blog de segurança pública e direitos humanos, provocando os comentários de praxe. Era como se o assassinato de mais um "bandido" fosse capaz de deixar a sociedade mais segura, crença que persiste por pelo menos mais de 40 anos, desde que as taxas de roubos começaram a crescer e a produzir medo generalizado em São Paulo e outras cidades do Brasil. A aposta na eficiência da justiça privada como ferramenta de segurança induziu o apoio aos esquadrões da morte nos anos 1960, grupos de extermínio nas décadas de 1970 e 1980, os massacres em prisões nos anos 1990, invadindo o século XXI com força inexplicável.

Mas, por que o caso de Luan é um entre tantos emblemáticos? A aparente dinâmica da ação dos PMs militares mostra na prática alguns dos principais sintomas de nossa crise. Algo que os próprios integrantes da corporação admitem, como mostram entrevistas com policiais matadores. Para que entregar à polícia civil, já que o suspeito provavelmente vai ser achacado na delegacia e ser colocado na rua para praticar crimes? Caso os policiais civis estejam bem intencionados, quais as chances de ocorrer uma investigação competente, capaz de identificar financiadores, receptadores e outros membros da quadrilha? Supondo que o suspeito seja punido, qual a perspectiva de seguir uma carreira criminal?

Como temos visto, no sistema penitenciário, é muito possível que ele venha a ser cooptado por criminosos mais articulados e perigosos, ampliando seu *network* e ambição para promover assaltos mais rentáveis. Nessas horas, diante de um sistema de segurança que alguns policiais acreditam estar falido, eles preferem encerrar seus dilemas julgando, condenando e executando a pena de morte em lapsos de segundo, como mostra a história da violência nas ruas das cidades brasileiras.

Esses desafios em relação às reformas, que foram colocados para os últimos seis presidentes da Nova República no Brasil, continuam a espera de serem enfrentados. Como a Constituição atribui aos governadores a principal tarefa na área, os últimos presidentes preferiram fechar os olhos para a situação. Na avaliação das autoridades federais que se sucedem, trata-se de um tema próspero em ônus políticos, na mesma proporção que é escassa em bônus. Com a bucha entregue aos governadores, os governos federais podem ainda aparecer como salvador da pátria em tempos de crime, surgindo como o socorro decisivo para solucionar o imbróglio da vez. A discussão, contudo, deve esquentar o debate nas próximas eleições, quando alguns candidatos prometem trazer a discussão para a campanha. Alguns já perceberam que uma postura ativa na área pode ser o diferencial em uma eleição mais disputada, não mais tão diretamente ligada aos resultados da economia como foram as anteriores.

Além do mais, as ameaças do crime organizado, as altas taxas de crimes violentos e a baixíssima capacidade dos órgãos de justiça e segurança em prevenir a violência e evitar a impunidade mostram que algo está fora da ordem e que as polícias civil e militar, insuladas em seus projetos de corporação, não conseguem fazer frente aos desafios contemporâneos impostos pelo crime e pela dinâmica de uma sociedade plural e democrática. Só a União tem força política para negociar com o Congresso e com a Sociedade um amplo pacto em torno de uma agenda de reformas estruturais da segurança pública no Brasil.

Hoje temos polícias com acesso às mais modernas ferramentas tecnológicas e formadas por homens e mulheres altamente qualificados e com preparo intelectual, muitos com disposição para inovar e construir padrões de policiamento mais eficientes. Porém, há uma enorme disputa pelo significado de lei, ordem e segurança pública em curso.

E, em meio a essa disputa, não conseguimos resgatar as polícias da ideologia do "bandido bom é bandido morto", muitas vezes reforçada pelo Ministério Público e pelo Judiciário quando estes não condenam os padrões policiais de uso da força no Brasil como anômalos e inaceitáveis.

Mas o que essa leniência e baixa prioridade política nos legam?

Nos últimos 20 anos, a violência no Brasil causou mais de 900 mil vítimas fatais. A taxa de mortes por agressão saltou de 22,2 no ano de 1990 para 27,1 por 100 mil habitantes em 2011, com variações importantes entre diferentes estados. Como agravante, estudo recente de Daniel Cerqueira, do Ipea, calculou que, de 1996 a 2010, quase 130 mil homicídios no Brasil não entraram nas estatísticas de mortes violentas. Isso significa que o número real de assassinatos no país é de cerca de 60 mil ocorrências anuais. Ou seja, se é verdade que o Brasil tem melhorado seus indicadores econômicos e sociais, o quadro de violência do país indica a convivência com taxas de crimes letais muito superiores às de outros países, o que nos coloca no ranking das sociedades mais violentas do mundo, isso sem contar as altas taxas endêmicas de outros crimes violentos (roubos, sequestros, lesões, mortes pela polícia etc.).

No que diz respeito à evolução regional, a Tabela 1 indica que São Paulo, por exemplo, que chegou a registrar mais de 12 mil vítimas de homicídio no ano de 1999, logrou redução de 70% na taxa desse crime entre 2000 e 2011; já estados como Alagoas e Paraíba verificaram crescimento abrupto dos índices de crimes violentos letais, alcançando taxas de homicídio de 72,2 e 42,7, respectivamente, no ano de 2011.

## Tabela 1: Mortes por agressão: Unidades da Federação e Brasil – 1999-2011

| | BRASIL | Goiás | Espírito Santo | Distrito Federal | Ceará | Bahia | Amazonas | Amapá | Alagoas | Acre |
|---|---|---|---|---|---|---|---|---|---|---|
| 1999 | 26,2 | 16,5 | 52,5 | 36,8 | 15,6 | 6,8 | 20,4 | 43,9 | 20,3 | 9,7 |
| 2000 | 26,8 | 20,2 | 46,9 | 37,5 | 16,6 | 9,4 | 19,8 | 32,5 | 25,6 | 19,4 |
| 2001 | 27,9 | 21,5 | 46,7 | 36,9 | 17,2 | 11,9 | 16,7 | 36,9 | 29,3 | 21,2 |
| 2002 | 28,5 | 24,5 | 51,2 | 34,7 | 18,9 | 13,0 | 17,3 | 35,0 | 34,3 | 25,7 |
| 2003 | 29,1 | 23,7 | 50,5 | 39,1 | 20,1 | 16,0 | 18,5 | 35,5 | 35,7 | 22,5 |
| 2004 | 27,3 | 26,4 | 49,4 | 36,5 | 20,0 | 16,6 | 16,9 | 31,3 | 35,1 | 18,7 |
| 2005 | 26,1 | 24,9 | 46,9 | 31,9 | 20,9 | 20,9 | 18,5 | 33,0 | 40,2 | 18,8 |
| 2006 | 26,6 | 24,6 | 51,2 | 32,3 | 21,8 | 23,7 | 21,1 | 33,0 | 53,1 | 22,6 |
| 2007 | 25,5 | 24,4 | 53,6 | 33,5 | 23,2 | 25,9 | 21,0 | 27,2 | 59,6 | 19,2 |
| 2008 | 26,7 | 30,0 | 56,4 | 34,1 | 24,0 | 33,1 | 24,8 | 34,4 | 60,3 | 19,6 |
| 2009 | 26,2 | 28,5 | 56,4 | 38,6 | 25,2 | 36,8 | 26,8 | 30,2 | 59,1 | 21,6 |
| 2010 | 27,4 | 31,6 | 51,0 | 34,3 | 31,8 | 41,1 | 30,9 | 38,5 | 66,8 | 22,5 |
| 2011 | 27,1 | 36,4 | 47,4 | 37,4 | 32,7 | 38,7 | 36,4 | 30,4 | 72,2 | 22,5 |

| | Rio Grande do Norte | Rio de Janeiro | Piauí | Pernambuco | Paraná | Paraíba | Pará | Minas Gerais | Mato Grosso do Sul | Mato Grosso | Maranhão |
|---|---|---|---|---|---|---|---|---|---|---|---|
| 1999 | 8,5 | 52,6 | 4,8 | 55,4 | 18,1 | 12,0 | 10,8 | 8,9 | 28,2 | 34,7 | 4,6 |
| 2000 | 9,0 | 51,1 | 8,2 | 54,0 | 18,6 | 15,1 | 13,0 | 11,5 | 31,0 | 39,8 | 6,1 |
| 2001 | 11,2 | 50,6 | 9,7 | 58,7 | 21,2 | 14,1 | 15,1 | 12,9 | 29,3 | 38,5 | 9,4 |
| 2002 | 10,6 | 56,8 | 10,9 | 54,8 | 23,0 | 17,4 | 18,4 | 16,2 | 32,4 | 37,0 | 9,9 |
| 2003 | 14,2 | 54,7 | 10,8 | 55,3 | 25,7 | 17,6 | 21,0 | 20,6 | 32,7 | 35,0 | 13,0 |
| 2004 | 11,7 | 51,5 | 11,8 | 50,7 | 28,3 | 18,6 | 22,7 | 22,6 | 29,7 | 32,1 | 11,8 |
| 2005 | 13,6 | 48,2 | 12,8 | 51,2 | 29,2 | 20,6 | 27,6 | 21,9 | 27,9 | 32,4 | 14,8 |
| 2006 | 14,8 | 47,6 | 14,4 | 52,7 | 29,9 | 22,6 | 29,2 | 21,3 | 29,8 | 31,5 | 15,1 |
| 2007 | 19,3 | 41,7 | 13,2 | 53,1 | 29,7 | 23,7 | 30,4 | 20,8 | 30,4 | 30,7 | 17,4 |
| 2008 | 23,2 | 35,7 | 12,4 | 50,8 | 32,7 | 27,3 | 39,2 | 19,5 | 29,7 | 31,9 | 19,8 |
| 2009 | 25,1 | 25,9 | 12,5 | 44,2 | 34,4 | 33,4 | 39,9 | 17,9 | 30,9 | 33,1 | 21,5 |
| 2010 | 25,7 | 32,9 | 13,8 | 39,2 | 34,5 | 38,7 | 46,7 | 18,5 | 26,1 | 32,2 | 22,7 |
| 2011 | 32,6 | 28,3 | 14,7 | 39,1 | 31,7 | 42,7 | 40,0 | 21,5 | 27,0 | 32,3 | 23,7 |

| Tocantins | Sergipe | São Paulo | Santa Catarina | Roraima | Rondônia | Rio Grande do Sul |
|---|---|---|---|---|---|---|
| 13,0 | 19,7 | 44,1 | 7,7 | 57,7 | 33,5 | 15,3 |
| 15,6 | 23,4 | 42,2 | 8,1 | 39,5 | 33,8 | 16,3 |
| 18,9 | 29,3 | 42,0 | 8,6 | 31,7 | 40,1 | 17,9 |
| 15,0 | 29,8 | 38,1 | 10,6 | 34,9 | 42,3 | 18,3 |
| 18,4 | 25,2 | 36,3 | 11,9 | 29,7 | 38,4 | 18,1 |
| 16,5 | 24,4 | 28,9 | 11,3 | 22,6 | 38,0 | 18,5 |
| 15,5 | 25,0 | 21,9 | 10,6 | 24,5 | 36,0 | 18,6 |
| 17,9 | 29,9 | 20,4 | 11,0 | 27,3 | 37,8 | 18,0 |
| 16,8 | 25,9 | 15,4 | 10,5 | 27,9 | 27,4 | 19,8 |
| 18,1 | 28,7 | 15,4 | 13,2 | 25,7 | 32,1 | 21,9 |
| 21,7 | 32,8 | 15,8 | 13,1 | 27,3 | 34,6 | 20,5 |
| 22,6 | 33,4 | 14,1 | 13,0 | 27,3 | 34,8 | 19,3 |
| 25,5 | 35,4 | 13,5 | 12,6 | 20,6 | 28,4 | 19,2 |

| | |
|---|---|
| 1999 | |
| 2000 | |
| 2001 | |
| 2002 | |
| 2003 | |
| 2004 | |
| 2005 | |
| 2006 | |
| 2007 | |
| 2008 | |
| 2009 | |
| 2010 | |
| 2011 | |

Fonte: Instituto Brasileiro de Geografia e Estatística - IBGE; MS/SVS/DASIS - Sistema de Informações sobre Mortalidade - SIM; Fórum Brasileiro de Segurança Pública

A atividade dos "contraventores" e "malandros" das bocas do lixo dos anos 1960 e 1970, marginais quase românticos, que administravam e vendiam produtos ilegais para os desajustados e desvalidos, deu lugar a organizadas estruturas criminosas. Esse é um problema que não pode ser desconsiderado na construção de um novo modelo de segurança pública para o Brasil. São vários os relatos de situações de violência extrema cometida por grupos e facções criminosas no país. Principalmente na primeira década deste século, os presídios viraram importantes centrais de articulação criminal, sobretudo das quadrilhas do tráfico de drogas. A partir de meados dos anos 2000, em São Paulo, o Primeiro Comando da Capital se tornou peça chave no atacado da venda de drogas no Brasil. Dos presídios, nos demais estados, outras facções também tentam controlar a distribuição e o varejo nos territórios onde atuam. O quadro pode produzir disputas acirradas por mercado, as rivalidades entre facções como Al Caida e Estados Unidos na Paraíba, Primeiro Comando do Maranhão e o Bonde dos 40, no Maranhão, Os Manos, os Unidos pela Paz e Os Aberto, no Rio Grande do Sul, para citar alguns exemplos de conflitos territoriais.

Segundo dados do Sistema Integrado de Informações Penitenciárias (Infopen), do Ministério da Justiça, enquanto a população carcerária no Brasil cresceu 42,9% entre 2006 e 2012, o número de presos por tráfico cresceu 191%. Entre os presos, 86% foram detidos em flagrantes pela PM, a grande maioria durante atividades de patrulhamento. Em outras palavras, passando pela rua, o policial observou um jovem em atitude suspeita, o parou e o levou para a prisão. Só 10% foram prisões decorrentes de investigações da polícia civil. Tente adivinhar, caro leitor. Quais os bairros, quem são os abordados durante o patrulhamento ostensivo? Qual a chance da renda e da etnia terem peso nessas abordagens e distorcerem a punição de acordo com classe e raça? Sobra ainda espaço para as escolhas desviantes das autoridades, quando policiais cansados do que eles próprios chamam de "enxugar gelo" passam a eliminar "marginais" para solucionar o problema.

Diante desse quadro e da desorganização das polícias, em vez de controlar o crime, as forças de segurança acabam até funcionando como um componente do fortalecimento da cena criminal brasileira. Em vez de apagar o incêndio, parecem despejar gasolina nas ações de corrupção, violência e formação de milícias. Comparadas às de países desenvolvidos, basta ver como as polícias brasileiras atuam a partir de um padrão que comporta um número de mortes em confrontos muito superior.

Em comparação às polícias no mundo, a paulista e a fluminense ficam à frente em qualquer campeonato de violência. Existem três critérios usualmente utilizados para aferir o uso da força letal: (1) a relação entre civis mortos e policiais mortos; (2) a razão entre civis feridos e civis mortos pela polícia; (3) a proporção de civis mortos pelas polícias em relação ao total de homicídios dolosos. Neste último caso, quando as mortes cometidas pela polícia correspondem a um elevado percentual do total de homicídios pode inferir-se que a polícia está cometendo excessos no uso da força letal.

Já no campo das respostas institucionais, segundo os balanços contábeis da União, dos estados, do Distrito Federal e dos municípios brasileiros, sistematizados pela Secretaria do Tesouro Nacional, o Brasil gastou, no ano de 2011, mais de R$54 bilhões com segurança pública, aproximadamente 1,3% do PIB nacional.

Em termos comparativos, temos o mesmo patamar de despesas na área do que países como Alemanha e Espanha, que contabilizam taxas de homicídio inferior a 1 por 100 mil habitantes, o que é uma evidência empírica de que o aumento de recursos na área não leva necessariamente a políticas de segurança mais eficientes no combate ao crime. Os gastos públicos nessa área parecem não guardar relação com a realidade, mas tão somente com as prioridades políticas assumidas pelas três esferas do Poder Executivo.

Na análise das despesas da União, de estados, do distrito federal e de municípios chamam a atenção: (1) o aumento nominal de recursos destinados à segurança pública realizado pelas unidades da federação, ano a ano, não foi suficiente para manter a participação delas no total de recursos gastos pelas três esferas do Poder Executivo; (2) a redução de 21% das despesas da União na área, entre 2010 e 2011, desencadeada pela mudança de gestão do governo federal e, em certa medida, pela interrupção de parte significativa dos recursos previstos no Programa Nacional de Segurança com Cidadania – Pronasci; (3) o aumento expressivo de recursos na função "segurança pública" declarado pelos municípios que, em apenas seis anos, sofreram um incremento de 128%.

Os municípios saltaram de um patamar de despesas com segurança pública equivalente a 3% dos gastos públicos na área, em 2006, para 5,2%, em 2011, último ano da série com dados disponíveis. Os municípios assumiram um papel mais ativo (antes eles já financiavam gastos operacionais das polícias, como aluguéis, contas de consumo e manutenção e combustíveis das viaturas), porém, esbarram numa séria crise de financiamento de suas ações na área. Não há fontes de receitas específicas e há uma forte competição pelos repasses voluntários da União, que a partir de 2001, com o Fundo Nacional de Segurança Pública, incluiu os municípios no rol de habilitados a receber recursos para essa área.

A União, por sua vez, aumentou sensivelmente seus gastos até 2010, mas, após a posse de Dilma Roussef, reverteu tal tendência e retomou o patamar de 2006, primeiro ano do segundo mandato de Lula. Já as unidades da federação (estados e Distrito Federal) estavam diminuindo suas participações na área, mas, em 2011, com a retração da União, voltaram a ser responsáveis por cerca de 85% dos gastos públicos com segurança pública, em muito justificados pelas folhas de pagamento dos aproximadamente 600 mil policiais civis e militares do país. Até 2010, na medida em que as transferências voluntárias da União aumentaram, os estados redirecionaram suas receitas para outras áreas.

Seja como for, o país gasta o equivalente a países desenvolvidos e, nem por isso, consegue reverter o quadro de medo e insegurança, muito em função de um modelo falido de organização policial e de administração de conflitos. Como dito na introdução, é possível supor que o crescimento dos gastos com segurança pública é um efeito inevitável de se optar por manter um sistema disfuncional na prevenção da violência e na garantia de direitos e que, para continuar de pé, exige volumes crescentes de investimentos. Todavia, essa opção não se dá pelo sucesso desse sistema em fazer cumprir o monopólio estatal da violência e oferecer serviços de qualidade. Ao contrário, ela parece guardar mais relação com os sentidos e prioridades políticas que o tema assume para os dirigentes políticos.

Em termos de efetivo policial, as fontes existentes computam que o Brasil tenha 413.672 policiais militares, 68.419 bombeiros e 117.501 policiais civis, totalizando quase 600 mil homens e mulheres. Porém, alguns analistas estimam que esse número chegue a perto de 700 mil pessoas, numa subnotificação de quase 20% e reveladora, se confirmada, de sérios problemas de gestão e transparência.

Já sobre o sistema prisional brasileiro, convivemos ainda com um sistema de justiça que não é capaz de julgar os 173.818 encarcerados em situação provisória nas prisões brasileiras, mesmo frente a um déficit de vagas de 175.841 segundo dados do Anuário Brasileiro de Segurança Pública para o ano de 2011.

A realidade de seis estados é ainda mais grave na medida em que verificamos que mais de 50% da população prisional não foi julgada: Piauí conta com 67,7% de sua população carcerária em situação provisória, seguido de Sergipe com 65,6%, Amazonas com 59,4%, Pernambuco com 58,7%, Minas Gerais com 56,6% e Amapá com 50,9%.

Além da evidente incapacidade do sistema de justiça criminal brasileiro de processar e julgar a população carcerária que se amontoa nos presídios de todo o país, chama atenção a evolução do número de presos com relação às vagas existentes no sistema prisional: só o estado de São Paulo contabilizou um déficit de 74.026 vagas no ano de 2011. Para se ter uma ideia, cada penitenciária do Estado possui cerca de 800 vagas, ou seja, seria necessária a criação de 92 penitenciárias para dar conta deste passivo.

### A conformação de uma agenda política e institucional

Já faz alguns anos que vários estudiosos e operadores da segurança pública têm alertado para a necessidade de reformas estruturais que aliem modernização incremental com reformas legais. Afinal, se a democratização política do fim dos anos 1980 é um marco importante pelas mudanças na relação entre polícias e sociedade, suscitadas pela construção da democracia e pelas pressões sociais por novos modelos de política e de polícia, é igualmente importante constatar que, em muitos elementos, o Estado democrático limita-se a reproduzir relações que serviam ao governo ditatorial. Segurança pública, desse modo, acaba subsumida às forças policiais e, mesmo após a Constituição de 1988, não consegue ser pensada para além da gestão da atividade policial e da lógica do direito penal.

O fato é que a história recente da segurança pública no Brasil tem sido marcada por demandas acumuladas e mudanças incompletas. Ganhos, como a forte redução entre 2000 e 2011 dos homicídios em São Paulo ou as Unidades de Polícia Pacificadora no Rio de Janeiro, tendem a perder força, na medida em que não há normas técnicas, regras de conduta ou padrões capazes de modificar culturas organizacionais ainda baseadas na defesa do Estado e não da sociedade. Basta vermos a forma como as Polícias reagiram às manifestações sociais de julho de 2013, ora com excesso ora com omissão. Falta-nos um projeto de governança das polícias brasileiras e de alinhamento das políticas de segurança pública aos requisitos da democracia e à garantia de Direitos Humanos, a ser colocado aos candidatos nessas eleições. O Governo Federal não precisa ser diretamente responsável por todas as ações de segurança pública, mas é o único capaz de reunir força política para tocar um projeto de nação; de um novo modelo de desenvolvimento que contemple segurança, garantia de direitos e prevenção da violência como conquistas de uma população que tem reaprendido a exigir melhores condições de vida e a se manifestar.

Apesar do aumento de investimentos e de políticas isoladamente bem sucedidas, é possível identificar as falhas na implementação e na execução dos programas da área, entre as quais se destacam:

a) o baixo grau de institucionalização, com falta de padronização de procedimentos e de ações;
b) a falta de diálogo com as lideranças e organizações sociais locais na implantação das unidades, conferindo à política um caráter vertical;

c) a falta de comunicação com a comunidade também na execução das atividades, impedindo que haja responsabilização e apropriação por parte desta em relação ao projeto;
d) a desmotivação dos policiais que atuam nas unidades, com falta de incentivos, de treinamento e de uma real compreensão do sentido da polícia de comunidade e da importância da prevenção do crime;
e) a desconsideração das peculiaridades locais e demandas específicas de segurança em cada localidade;
f) há uma falta de conexão e vínculo entre juventude, o bairro em que os jovens vivem e as polícias.
g) Poucos são os projetos e programas que priorizam ações de transparência e prestação de contas, muitas vezes justificando que as informações são de natureza estratégica e que primeiro devem ser utilizadas na gestão das políticas (permanência da lógica do segredo).

Em segundo lugar, as experiências nacionais sinalizam um conjunto de lições aprendidas que devem servir de baliza para a formulação e execução de projetos de segurança cidadã no Brasil e, mesmo, em outros países da América Latina que ainda convivem com altas taxas de violência e criminalidade. São elas:

1. Corporativismos e resistências organizacionais ao modelo de segurança cidadã, que muitas vezes se apresentam como barreiras ao desenvolvimento desse tipo de estratégia (divisões e conflitos entre os policiais da direção e os da ponta da linha; divisões e conflitos entre a polícia e outros setores da administração pública) podem ser eficazmente enfrentadas por meio do investimento em treinamento específico e aprofundado;
2. A falta de capacidade de muitas organizações policiais de monitorar e avaliar o próprio trabalho deve

ser enfrentada a partir de programas e associações com centros de pesquisa e setor privado, com o objetivo de desenvolver intervenções que já estejam previamente desenhadas para a avaliação e monitoramento contínuo;

3. Programas com foco específico para a juventude (incluindo a negra) tendem a ter resultados mais sustentados ao longo do tempo. Estudos indicam que o município enquanto agente produtor de políticas preventivas pode ser mais eficaz para solucionar pequenos problemas que em conjunto poderiam compor um grande problema;

4. A relação que os municípios e estados criam em relação à segurança pública não segue um padrão estabelecido. A natureza dessa relação vai depender principalmente do relacionamento de cada município com cada e estado e da interlocução de cada município com as polícias. O mais interessante seria que estado e municípios trabalhassem de forma cooperativa;

5. Estratégias que priorizam a radicalização da transparência tendem a ter um grau de institucionalidade maior e mais eficiente do que ações focalizadas apenas na dimensão da modernização tecnológica da gestão das políticas de segurança pública;

6. A relação fiscal entre o governo federal e os diferentes estados, em termos de recursos econômicos e humanos, de maneira de assegurar uma coordenação interinstitucional, orçamentária e de designação de funções e responsabilidades com pessoal eficaz e transparente nos distintos níveis de governo.

Por fim, a principal conclusão a que este texto pode chegar é que, por melhores que sejam as práticas de gestão adotadas, sem uma mudança substantiva na estrutura normativa das polícias, o quadro de insegurança hoje existente tenderá a ganhar contornos dramáticos. Ou seja, uma das lições de países que conseguiram reformar suas polícias, como Irlanda e África do Sul, é que quando a atividade policial deixa de ser autônoma e passa a responder à lógica das políticas públicas muito se ganha. Trata-se, como já frisado, de uma agenda que associa mudanças incrementais e de práticas de gestão com alterações na arquitetura institucional e legal que regula o setor no Brasil. Sem que essas duas dimensões sejam simultaneamente enfrentadas, a perspectiva é de manutenção de uma realidade institucional que bloqueia ganhos de eficiência e novos e melhores padrões de desenvolvimento.

# RESULTADOS ELEITORAIS E SEGURANÇA PÚBLICA

(Publicado no jornal *O Estado de S. Paulo*
em 27 de outubro de 2014)

*Renato Sérgio de Lima*

Com o fim das acirradas disputas para a Presidência da República, com Dilma Roussef sendo reeleita ontem com pouco mais de 51% dos votos válidos, e também para vários governos estaduais, é interessante refletir sobre o cenário da segurança pública brasileira para os próximos anos e analisar seus grandes desafios.

A primeira grande conclusão a que se pode chegar é que, independente da vitória de Dilma Roussef, a segurança pública no Brasil ganhou ao ser alçada a um dos principais temas da agenda eleitoral para a Presidência da República. Antes tratada como tema secundário e muitas vezes de responsabilidade exclusiva dos estados e do Distrito Federal, a área precisou ser debatida e propostas foram apresentadas por todos os candidatos. Houve o reconhecimento que o problema é de todos.

E, em meio a esse processo, um grande consenso se formou, ou seja, que se faz mais do que urgente integrar as diferentes forças de segurança do país e, sobretudo, criar mecanismos efetivos de coordenação e cooperação. A União não deve ser vista apenas como mera repassadora de dinheiro, mas deve assumir um forte protagonismo na coordenação de um sistema capaz de fazer frente às profundas mazelas impostas pelo crime e pela violência.

Para tanto, é necessário que investimentos sejam feitos

na modernização da forma como as polícias, os ministérios públicos e, mesmo, os Poderes Executivo, Legislativo e Judiciário tratam do tema. E isso passa pela sua priorização junto ao Congresso na ideia de aperfeiçoar as normas e regras que regem a administração da segurança pública do país. E isso significa que, mais do que reformar leis penais, o Brasil precisa alterar as normas que ditam o funcionamento cotidiano das polícias, de modo a permitir ganhos de gestão e integrar e tornar menos engessadas as estruturas organizacionais existentes.

Disso resulta a segunda grande conclusão acerca dos desafios da área. A partir do reforço da agenda que alia reformas legais ao fortalecimento da gestão e da modernização das estruturas organizacionais, a prioridade dada ao tema durante as eleições não pode se transformar em mera retórica eleitoral e ser enfraquecida pelas múltiplas agendas de um país como o nosso impõe e pelas dificuldades inerentes a um projeto de mudança que busca transformar culturas organizacionais e práticas institucionais.

É necessário manter a mobilização para que a força dos lobbies corporativos e ou da inércia política que costuma reduzir energias de mudanças em cartas de intenções seja superada. O Brasil precisa de um grande pacto em torno da redução da violência e da criminalidade. Pacto esse que passa pela articulação das respostas públicas em todos os seus níveis e instâncias de governo e de Estado para que sejamos mais eficientes na garantia de direitos e na construção da paz.

# CARA DILMA: E A SEGURANÇA?

(Publicado no jornal *O Globo*
em 7 de dezembro de 2014)

*Julita Lemgruber*
*Rodrigo Ghiringhelli de Azevedo*
*Renato Sérgio de Lima*

Eleições realizadas, votos contados, vitória de Dilma Rousseff. Governo novo, ideias novas, não é mesmo? Hora de reformas nos Ministérios, renovação de postos chave. Sobretudo, hora de avançar na segurança pública, que ficou praticamente abandonada na primeira gestão. E, deixemos claro: os que assinam este texto se manifestaram publicamente contra propostas conservadoras do candidato do PSDB e acreditam ter a obrigação de cobrar, agora, mudanças radicais na forma como o governo federal conduz a política de segurança pública.

A própria Presidenta reconheceu, durante a campanha eleitoral, que seu primeiro governo poderia ter feito mais nesse campo, e admitiu que a falta de coordenação e integração são obstáculos à cooperação federativa na área, prometendo encaminhar ao Congresso uma PEC para inserir a segurança pública no rol de matérias com competência concorrente da União, Estados, Distrito Federal e Municípios.

O problema é que a questão não se resolve por meio de uma medida meramente formal. Se não houver, sobretudo, compromisso político em torno de uma agenda estratégica que tenha como meta central a redução significativa de nossas absurdas taxas de crimes violentos, não vamos a lugar nenhum. O Brasil continua entre os líderes de homicídios no mundo, mesmo com a forte redução das suas taxas de pobreza e desigualdade. São 53 mil assassinatos por ano, em sua maioria de jovens negros. É preciso matar a fome do povo, mas de pouco adianta estar com a barriga cheia e ser morto ao dobrar a esquina.

Está na hora da União agir também na ponta da violência policial, que mata seis brasileiros por dia. E notem que, em meio a esse padrão, muitos policiais estão morrendo. É preciso haver incentivos para os estados que reduzam esta mortandade e pesadas sanções aos que não o façam. O governo federal deve, por exemplo, trabalhar pela aprovação do PL 4.471/2012, de autoria do Deputado Paulo Teixeira, que acaba com os autos de resistência. Da mesma forma, precisa incentivar mecanismos de controle externo da polícia, ressuscitando as ouvidorias de polícia, abandonadas à sua própria sorte.

Sabemos que alguns esforços têm sido feitos, como a geração de dados criminais (Senasp) ou penitenciários (Depen), mas precisamos integrá-los. E temos que avançar também na reestruturação das polícias, na consolidação de um sistema de alternativas penais à prisão e em alterações na política de drogas.

O Brasil tem a quarta maior população carcerária do mundo, sem qualquer impacto positivo nas taxas de criminalidade. Esse é o resultado, principalmente, de uma equivocada legislação que, entre outros absurdos, não diferencia o traficante do usuário e leva para a cadeia milhares de jovens pobres e negros que fazem, desarmados, do pequeno tráfico seu ofício diário e vão, como todos sabemos, sair da cadeia empunhando um fuzil. E por falar em política de drogas, está mais do que na hora de o Brasil legalizar, de imediato, a maconha medicinal.

Em suma, as tarefas são muitas e urgentes, mas confiamos, cara Dilma, que elas possam ser agora assumidas e encaminhadas.

# ESTEREÓTIPOS DA VIOLÊNCIA

(Publicado na revista *Carta Capital*
em 9 de abril de 2011)

*Renato Sergio de Lima*

Uma das principais bandeiras do novo governo, o pacto para a redução de homicídios, articulado pelo ministro da Justiça, José Eduardo Cardoso, em parceria com os governadores, retoma um debate fundamental para a segurança pública. O Brasil não pode aceitar que anualmente mais de 50 mil cidadãos sejam mortos por homicídio. O número representa uma taxa persistente de cerca de 25 mortes para cada 100 mil habitantes e nos coloca na triste posição de sexto país mais violento do mundo.

O Brasil enfrenta, porém, desafios consideráveis quando se debruça sobre as razões desse quadro. Não há consenso a respeito das causas da violência e o que vemos é um cenário no qual o Estado se vê às voltas de imensas demandas sociais, corporativas e políticas, mas pouco consegue interferir na qualidade de vida da população e na garantia efetiva de paz e direitos.

De um lado, posições marcadas pelo reducionismo típico de visões que reputam à desigualdade e às demais condições socioeconômicas as mazelas brasileiras, incluída a violência. De outro, aqueles que defendem o encarceramento intenso e medidas de endurecimento penal como forma de conter o crescimento da criminalidade, por sua vez atribuída quase exclusivamente ao crime organizado e às drogas ilícitas (crack, cocaína etc.).

No meio do caminho, um oneroso sistema de Justiça e segurança pública que, muitas vezes, desconsidera cenários dinâmicos (o peso das drogas lícitas como o álcool, por exemplo) e fica paralisado por disputas de competência e jogos corporativos, mas que demanda investimentos crescentes para se manter.

Para se ter uma ideia, um país como a China, que investe maciçamente no controle da população, anunciou recentemente que gastou, em 2010, o equivalente a 117 reais por habitante com segurança interna, que lá inclui despesas com polícias, prisões e tribunais. Já o Brasil gastou em 2009, último dado disponível, cerca de 281 reais por habitante em segurança pública e prisões, sem contar despesas com o Poder Judiciário.

Para agravar esse quadro, o crescimento dos gastos não está sendo acompanhado pela melhora dos indicadores de criminalidade e violência em todos os estados e Distrito Federal e, o mais grave, não comporta as demandas por melhoras das condições de trabalho e salário dos aproximadamente 600 mil homens e mulheres que compõem as forças policiais brasileiras. Na tendência atual, a estrutura de segurança pública do País caminha para o colapso.

Como resultado, a pressão por ações efetivas de redução da insegurança é reapropriada na manutenção desse quadro, na medida em que novos recursos humanos, financeiros e materiais são alocados pelos dirigentes políticos mais em razão daquilo que é entendido empiricamente como prioritário do que deveria ser fruto de diagnósticos, informações e de planejamento. Pouco se fala de revisão de processos, modelos de gestão e, principalmente, de reformas legislativas que visem dar maior eficiência ao sistema.

Num exemplo, voltando aos homicídios: pesquisas indicam que a maior parte desses crimes vitima jovens, negros e inseridos em contextos de vulnerabilidade e conflitos interpessoais. Disputas do crime organizado e envolvimento com drogas contribuem, em média, com um terço das razões para o cometimento desses crimes. Entretanto, se é verdade que o crime organizado interfere diretamente na organização de espaços urbanos e impõe o medo por meio das armas de fogo, também é verdade que parcelas da opinião pública atribuem a ele a responsabilidade exclusiva pela violência.

Nesse processo, os principais problemas do modelo de organização do sistema de Justiça criminal e da pouca participação da sociedade deixam de ser considerados urgentes e politicamente pertinentes. Temas como violação de direitos humanos, corrupção, violência policial, integração, reforma do Artigo 144 da Constituição (responsável por regular as polícias no Brasil), escalas de trabalho, fim do inquérito policial, transformaram-se em tabus a ser evitados, verdadeiros temas para os quais o pragmatismo eleitoral recomenda distância.

Praticamente todos os analistas que lidam com o tema segurança pública tendem a pensá-lo a partir das deficiências e/ou virtudes das polícias. Concordo que as polícias são a face mais visível do Estado na área. Entretanto, sem querer minimizar a contribuição dessas para o quadro de insegurança, uma menor atenção tem sido dispensada aos Ministérios Públicos, ao Poder Judiciário e, mesmo, às instituições carcerárias.

O exemplo das estatísticas criminais é emblemático. Se nas polícias é possível encontrar dados detalhados sobre movimento e características de crimes, nas demais instituições as estatísticas disponíveis dizem respeito, na maioria das vezes, apenas ao movimento de feitos, nada indicando sobre quais crimes e criminosos estão sendo objeto de intervenção do Estado. Com isso, as polícias acabam sendo responsabilizadas quase integralmente pela forma de atuação estatal no controle do crime e da violência, quando são parte de um complexo sistema de processamento de litígios.

Ou seja, o Brasil carece de um "choque de transparência" e, ao defendê-lo, por certo não estou propondo uma nova tese sobre as "razões da desordem", para aproveitar uma antiga frase de Wanderley Guilherme dos Santos. O fato é que a proposta de Pacto Nacional para a Redução dos Homicídios inspira uma nova agenda tanto para o Estado, em suas várias esferas e poderes, quanto para a sociedade, que possibilite recolocar o problema no seu exato patamar, ou seja, na avaliação da forma como o Estado lida e media conflitos sociais. O investimento em planejamento e informação pode, assim, ser um poderoso aliado dessa nova agenda.

Por fim, ao tratar de informação é importante destacar que não se trata de poucos dados, pois, nos últimos anos, graças ao advento de ferramentas de geoprocessamento e de novas tecnologias, a produção de estatísticas tem sido incentivada. O desafio é, portanto, fugir do "fetichismo da tecnologia" e aproveitar o crescente acervo de dados como insumo para aumentar a compreensão dos fenômenos sociais ligados ao tema aqui tratado. É transformar informação em conhecimento, em ação política capaz de modificar o cenário da segurança pública brasileira.

# UMA META COM A VIDA

(Publicado no jornal *O Estado de S. Paulo* em 2014)

*Renato Sérgio de Lima*
*Samira Bueno*

Os números do 8º Anuário Brasileiro de Segurança Pública não deixam margem para dúvidas: o Brasil é um país muito violento e cujas respostas públicas frente a esta realidade são demasiadamente frágeis, desarticuladas e carentes de coordenação. Convivemos com altas taxas de impunidade e violência e, ao mesmo tempo, nossas prisões comportam cerca de 40% de presos em situação provisória. Nossas polícias geram desconfiança e estão entre as que mais matam e morrem no mundo.

A presidenta Dilma Roussef, durante sua campanha, reconheceu que o papel do Governo Federal na área é tímido e que buscaria incluir na Constituição uma alteração para que segurança pública seja um tema de responsabilidade concorrente entre União, Estados, Distrito Federal e Municípios. Segundo ela, esta seria uma forma de compartilhar metas e esforços.

Mas esta proposta é só o ponto de partida. O Governo Federal pode liderar um pacto nacional que assuma metas efetivas de redução de crimes violentos. Há várias iniciativas que têm conseguido resultados localizados e, se a União buscar coordená-las, por meio de mecanismos efetivos de cooperação, transparência e prestação de contas, as chances de mudarmos a realidade são grandes. Se houver prioridade política, podemos reduzir os homicídios em 65,5% até 2030, o que é uma meta plenamente factível.

# SEGURANÇA PÚBLICA: AINDA MUITO A FAZER

(Publicado na *Revista Fórum*
em 19 de dezembro de 2014)

*Samira Bueno*

O ano de 2014 foi marcado por uma série de colapsos no campo da segurança pública. Crise iniciada em janeiro com as decapitações no sistema prisional maranhense, o ano chega ao seu fim com diversos casos de linchamento, greves de policiais, manifestações contra a Copa do Mundo, conflitos entre Black blocs e agentes do Estado, aumento expressivo do número de pessoas mortas em decorrência de ações policiais, crescimento dos assassinatos de policiais, dentre outros.

O problema é que, se as cenas acompanhadas nos últimos doze meses chocaram a opinião pública e colocaram em dúvida a capacidade do Estado brasileiro de garantir o direito à vida de milhões de cidadãos, fato é que os casos citados são apenas alguns exemplos de uma tragédia anunciada.

O recém lançado Anuário Brasileiro de Segurança Pública mostrou que, apenas em 2013, a cada dez minutos uma pessoa foi assassinada no país. Isso significa que 53.446 pessoas tiveram suas vidas ceifadas pela violência, a maioria jovens, negros e moradores das periferias dos grandes centros urbanos. A publicação também mostrou que tivemos no mesmo ano 50.224 estupros registrados em delegacias, mas, por ser um crime com altos índices de subnotificação, o número real deve girar em torno de 143 mil vítimas. Como se este não fosse um grave problema para as políticas públicas de segurança e saúde, recentemente o tema voltou a ser objeto de discussão após um infeliz comentário do deputado Jair Bolsonaro (PP-RJ) direcionado à deputada Maria do Rosário (PT-RS) – cabe lembrar que este senhor foi o deputado mais votado na última eleição do Rio de Janeiro, com quase meio milhão de votos.

Também concluímos que 490 policiais civis e militares foram assassinados em 2013, a maioria fora de serviço, e que as duas policias mataram em cinco anos (2009-2013) a mesma quantidade de pessoas que as polícias norte-americanas mataram em 30 anos (1983-2012). Como agravante, pelos dados já coletados, provavelmente teremos aumento de ambas as estatísticas quando fecharmos os dados de 2014, em mais uma evidência de que o Estado brasileiro faliu na tarefa de garantir paz e segurança aos 200 milhões de brasileiros.

Se o diagnóstico revela uma profunda crise, este também é o momento para cobrarmos dos recém-eleitos governantes ações concretas que podem dinamizar a forma como o tema vem sendo tratado pelo poder público há mais de duas décadas no Brasil. Política pública de segurança é assunto importante demais para ficar relegado a segundo plano ou para ser atribuído apenas como responsabilidade dos estados.

Já passou da hora da União assumir protagonismo nesta discussão, propondo uma real Política Nacional de Segurança Pública e um Plano Nacional de Redução de Homicídios. Estudo conduzido por pesquisadores do Fórum Brasileiro de Segurança Pública, Instituto Igarapé, IPEA e NEV/USP mostrou que o país poderia assumir uma meta de redução de 5,7% dos homicídios anualmente apenas adotando estratégias que estados como São Paulo, Rio de Janeiro, Pernambuco e Espírito Santo adotaram na última década, pautadas pela aproximação das polícias com a população, pelo uso intensivo de informações e pelo aperfeiçoamento da inteligência e de técnicas investigativas. Ou seja, o Brasil tem experiências de sucesso que podem e devem ser compartilhadas.

A Câmara dos Deputados já deveria ter aprovado o PL 4.471/2012, de autoria do deputado Paulo Teixeira (PT-SP), que acaba com o registro de "resistência seguida de morte", mecanismo amplamente utilizado pelas polícias brasileiras para não investigar os crimes cometidos pelos maus policiais. Também corremos o risco de um grande retrocesso legislativo na área, já que a Câmara criou uma Comissão Especial – cujos deputados membros são financiados pela indústria da bala – que não apenas revoga o Estatuto do Desarmamento, mas permite ainda que cada cidadão tenha nove armas, o que resulta na possibilidade de 5.400 balas por mês por pessoa. Se as experiências brasileiras que tiveram sucesso na redução dos homicídios nos últimos anos foram aquelas que levaram a sério a tarefa do controle de armas, todos corremos o risco do agravamento do quadro existente com a aprovação do PL 3.722/2012.

Neste interim, as soluções normalmente colocadas pelos nossos governantes têm sido na lógica do endurecimento penal, como se o problema brasileiro estivesse exclusivamente em leis lenientes. Esquecem-se de que as polícias brasileiras solucionam apenas 8% dos mais de 50 mil homicídios anuais, e que estes profissionais estão submetidos a riscos cada vez maiores, além de serem, em geral, mal remunerados; esquecem-se de que temos 40% da nossa população prisional em situação provisória por incapacidade do Judiciário; esquecem-se de que faltam mais de 200 mil vagas neste mesmo sistema prisional, que ao invés de ressocializar, transformou-se em escola para o crime organizado; esquecem-se de colocar a questão do controle das polícias, interno e externo, como agenda prioritária; bem como se esquecem de que todas as vidas deveriam ter o mesmo valor.

Temos que promover reformas urgentes na arquitetura institucional do modelo de segurança pública brasileiro, de modo que ele seja capaz de dar as respostas adequadas ao crime e à violência. Se avançamos muito na última década em reduzir a pobreza e retiramos milhões de brasileiros da miséria, não conseguimos ainda garantir segurança e direitos dos cidadãos.

A presidente Dilma anunciou em setembro que a União deveria participar mais dos assuntos relativos à segurança e prometeu encaminhar ao Congresso uma PEC que insira a segurança pública no rol de matérias de competência concorrente entre União, Estados e Municípios. Se esta é uma medida que deve ser louvada e cobrada, precisamos avançar em uma discussão sobre como possibilitar maior coordenação e integração de esforços entre as três esferas de governo e suas instituições, inclusive com o compartilhamento de dados e a integração de sistemas de informação; na promoção de mecanismos de financiamento mais ágeis e eficientes; e no acompanhamento e monitoramento dos resultados das políticas que têm sido desenvolvidas, cobrando do poder público soluções mais concretas e que não sucumbam às trocas de governo.

Em suma, temos uma enorme agenda em aberto no campo da segurança, a qual exigirá dos Executivos, Legislativos e Judiciários assumir o tema como pauta prioritária e estratégica do modelo de desenvolvimento brasileiro.

# PROMESSA IGNORADA

(Publicado no jornal *Folha de S.Paulo* em 27 de dezembro de 2015)

*Julita Lemgruber*

Em dezembro de 2014, o ministro da Justiça, José Eduardo Cardozo, mobilizou todos os secretários e diretores do ministério e convidou um grupo de especialistas para começar a, em conjunto, discutir a viabilidade de um pacto nacional de redução de homicídios.

Dilma Rousseff acabara de ser reeleita. Tudo indicava que havia favorável clima político para se enfrentar a urgência de o governo federal liderar a reversão da vergonhosa taxa de homicídios do país.

Afinal de contas, os 12 anos de governo do PT contribuíram para reduzir de forma significativa os níveis de desigualdade. Milhões de brasileiros ultrapassaram a linha da pobreza extrema. Poder-se-ia até questionar a falta de investimentos em educação básica ou na saúde, mas algumas conquistas eram inegáveis.

O Brasil, porém, continuava a ser o campeão mundial de homicídios, com 56 mil mortes anuais, e o governo federal precisava propor medidas emergenciais para provocar governadores e prefeitos a rever políticas de repressão e prevenção da criminalidade violenta no país.

Para começar, seria preciso propor um pacto nacional de redução de homicídios em torno do qual houvesse um compromisso claro e inequívoco de diferentes instâncias e poderes. Para tanto, precisaria ser uma prioridade política da União.

Pois bem, ao longo do primeiro semestre deste ano, esse grupo de especialistas convidados pelo ministro da Justiça trabalhou junto com profissionais do governo federal no desenho de um projeto ambicioso e, mais do que isso, emergencial. Energias foram mobilizadas e diálogos iniciados.

Em junho de 2015, no encontro anual do Fórum Brasileiro de Segurança Pública, no Rio, Cardozo apresentou, para frustração dos profissionais que estiveram envolvidos no projeto, linhas muito gerais da proposta, sem na verdade explicar para o público ou para a mídia o que, de fato, seria o tal pacto nacional de redução de homicídios.

A surpresa foi geral. A mídia pouco ou nada entendeu.

Hoje, olhando para trás, podemos, nós especialistas envolvidos no trabalho, admitir que o governo federal percebeu em algum momento a necessidade de tomar em suas mãos a responsabilidade de liderar o processo em torno de tão urgente pauta. Infelizmente, um ano depois da reunião de dezembro de 2014, e quase 60 mil mortes a mais, praticamente nada aconteceu.

Para além de atividades técnicas pontuais, o governo patina e deixa dúvidas: será que a crise política inviabilizou mesmo o plano ou será que o governo federal jamais teve, de fato, coragem para assumir e cobrar dos governadores compromissos efetivos para modernizar a segurança pública e reduzir a violência?

Ao deixar de agir, o governo Dilma desconsidera que, segundo pesquisa encomendada pelo Fórum Brasileiro de Segurança Pública ao Datafolha, mais de 80% da população residente nas grandes cidades brasileiras é favorável à iniciativa.

Enfim, o governo Dilma precisa definitivamente admitir que, mesmo reconhecendo o momento de fragilidade vivido, reduzir a violência não é tema menor.

De que adianta só reduzir desigualdades ou investir em educação se a população é refém da falta de confiança nas polícias, do medo e da insegurança?

# MAIS VIDAS EM 2016

(Publicado no jornal *O Povo* em 31
de dezembro de 2015)

*César Barreira*
*Renato Sérgio de Lima*

As estatísticas sobre a violência contidas no 9º Anuário Brasileiro de Segurança Pública, divulgadas em outubro de 2015, são evidentes: o Brasil é um país muito violento. Convivemos com altas taxas de criminalidade e impunidade, ao mesmo tempo em que as prisões comportam mais de 40% de presos em situação provisória. As polícias geram desconfiança e estão dentre as que mais matam e morrem no mundo. Paradoxalmente, respostas públicas frente a essa realidade são frágeis e descoordenadas.

O Ceará não foge à regra, mas tem vivido um momento singular na área de segurança pública. Após vários anos de crescimento da taxa de homicídios, o Estado vem mobilizando esforços em torno do Programa Ceará Pacífico, articulando diferentes esferas de governo na busca de solução para o problema da violência. Em 2015, constata-se uma redução nas taxas de homicídios, embora os principais desafios permaneçam, entre os quais a diminuição da sensação de insegurança e a descrença nas instituições. É importante ressaltar que o Ceará ainda convive com chacinas como a do Curió na qual morreram 11 jovens em novembro, havendo fortes indícios, ainda não legalmente comprovados, de envolvimento de policiais.

A modernização da segurança pública não depende apenas de medidas locais. A crise nacional inviabiliza investimentos significativos na formação e gestão das instituições policiais. Por outro lado, a discussão feita no Congresso a respeito da melhoria da segurança joga combustível na fogueira ao aprovar, em Comissão Especial da Câmara dos Deputados, a revogação do Estatuto do Desarmamento. O significado desse retrocesso encontra-se exemplificado no assassinato do jovem Jhonny, ocorrido recentemente em Fortaleza.

A necessidade de incluir na Constituição uma alteração nos mecanismos de atuação da segurança pública é já reconhecida pelo próprio governo. O ideal seria construir ações convergentes e não concorrentes entre União, Estados, Distrito Federal e Municípios. A proposta de reforma ainda não se efetivou e as mortes de milhares de brasileiros, quase sempre jovens, negros e pobres, continua atestando as falhas no sistema de vigilância e controle.

Em suma, o País carece de uma ação racional e articulada que priorize a segurança pública como direito cotidiano de cidadania, tão vital como respirar e se alimentar. Segurança não pode ser vista como algo exclusivo de competência das polícias, sendo uma atividade de Estado, que envolve diferentes atores: Ministérios Públicos, Poder Judiciário, Universidades e sociedade civil organizada.

O Programa Ceará Pacífico vem tentando pôr em prática o desejo de toda população cearense de melhoria de condições de vida baseada nos supostos da convivência salutar entre moradores. O Programa, reconhecendo a complexidade da questão, que é de natureza social, política e econômica considera que não é hora de postergar projetos. A urgência da vida não espera e o Ceará só tem a ganhar assumindo uma meta que poupe a população de mortes previsíveis e anunciadas. Essa é a ideia de um novo calendário.

Assim, desejamos em 2016, seguindo o rumo da campanha do Fórum Brasileiro de Segurança Pública, "Mais Vida para todos".

# QUAIS SÃO AS PERSPECTIVAS PARA A SEGURANÇA PÚBLICA NO BRASIL EM 2016

(Publicado no jornal *Zero Hora*
em 9 de janeiro de 2016)

*Fernanda Bestetti de Vasconcellos*
*Rodrigo Ghiringhelli de Azevedo*

Depois de mais um ano em que as notícias sobre a segurança pública no Brasil não foram nada animadoras, com aumento das taxas de homicídio e de outros crimes violentos no país, casos frequentes de violência e abuso de autoridade por parte das polícias, linchamentos e justiçamentos aplaudidos em redes sociais e o agravamento da superlotação carcerária, a virada do ano nos permite imaginar o que está por vir nesta área no ano de 2016.

No âmbito federal, a passagem de 2014 para 2015 foi marcada pela iniciativa do Ministério da Justiça em convocar um número considerável de especialistas de todo o país para formular uma política nacional de segurança. Depois de uma série de reuniões, chegou-se à conclusão de que o principal foco de atuação deveria ser a formulação e a implementação de um Pacto Nacional pela Redução dos Homicídios, com medidas que permitissem integrar as ações de União, Estados e municípios, ampliar a capacidade de apuração e processamento de mortes violentas intencionais e adotar políticas de prevenção capazes de retirar os jovens dos mercados ilegais e impedir o morticínio de pobres e negros nas periferias. Um ano depois, é possível constatar que não houve capacidade por parte do governo federal de, em meio à crise política, retomar um maior protagonismo na articulação de uma política nacional de segurança.

O Pacto ainda não saiu do papel e não se recuperou a capacidade de construir uma narrativa para a área que fosse capaz de atrair os governos estaduais para a sua construção, ou de colocar em pauta no debate público temas importantes como uma nova política de drogas ou a reforma das polícias. Talvez a única exceção tenha sido o Depen (Departamento Penitenciário Nacional), que no último período tem conseguido retomar uma agenda de ampliação das alternativas penais e de questionamento da política de superencarceramento e seu contraproducente impacto sobre as taxas de criminalidade.

No âmbito estadual, as perspectivas não são mais animadoras. Premidas pela crise fiscal e pelo descontentamento dos servidores da segurança pública diante das dificuldades para garantir o pagamento de salários e horas extras, e para recompor o efetivo das políticas e sua capacidade operacional (já bastante deteriorada), as autoridades da área têm procurado lidar com a crise, expressa no aumento das taxas da criminalidade violenta no Estado, com um discurso absolutamente defasado e que não tem mais conseguido seduzir a opinião pública. Declarações de que "a polícia está limitada em sua capacidade de atuação desde a Constituição de 88", de que "a polícia prende, e a justiça solta", ou de que "a criminalidade aumenta porque as mães estão fora trabalhando e deixam os filhos sem cuidado", apenas demonstram o despreparo para lidar com o complexo cenário da conflitualidade social contemporânea em um contexto democrático, em que as instituições policiais (essenciais para a garantia do direito à segurança) devem atuar dentro da lei, com eficiência e submetidas a controle público. Talvez tenham sido justamente as políticas de prevenção à violência contra a mulher as que mais tenham sofrido com a nova orientação da secretaria de segurança, com resultados sensíveis nas taxas de violência ocorridas nos espaços domésticos/familiares, na sensação de segurança e na confiança da sociedade em relação às polícias.

No Congresso, o cenário é ainda mais desanimador. A gestão Eduardo Cunha na presidência da Câmara, na tentativa de desviar o foco das denúncias que pesam contra o atual presidente, procurou trazer à pauta temas que configuram aquilo que se conhece como "populismo punitivo", ou seja, medidas que agradam ao cidadão comum, amedrontado com as altas taxas de criminalidade, mas que não contam com o respaldo das evidências científicas para comprovar a sua eficácia no combate ao crime e à violência. Muito ao contrário, propostas como a redução da maioridade penal, a revisão do estatuto do desarmamento e a flexibilização dos controles sobre a atividade policial produziriam efeito devastador sobre os poucos avanços conquistados no Brasil para a redução da violência desde a redemocratização.

Enfim, 2016 promete fortes emoções para quem espera uma sociedade com maior capacidade de administrar conflitos de forma pacífica. O cenário não é animador, o que não significa a impossibilidade de resistir e insistir na necessidade de medidas urgentes. Em meio a este quadro, não seria descabido propor que, além do ano da Olimpíada no Brasil, 2016 fosse marcado como o ano da virada na segurança pública, com a retomada de uma agenda de reforma das polícias que encaminhe a adoção do ciclo completo de policiamento e da carreira única; a reestruturação do ensino policial, com a adoção de um sistema nacional de cursos de graduação, mestrado e doutorado para os servidores da área; maior agilidade para o processamento e responsabilização criminal dos autores de crimes violentos intencionais; revisão da atual política de drogas, que superlota presídios e fortalece as facções criminais; e a adoção de políticas de prevenção efetivas, com participação dos municípios, focadas no recolhimento de armas, na atenção à juventude e aos grupos sociais vulneráveis. Iniciativas como o Anuário Brasileiro de Segurança Pública, que buscam trazer conhecimento e transparência para a gestão da segurança, são o melhor antídoto contra o improviso e o retrocesso.

# A (DES)CONJUNTURA DA SEGURANÇA PÚBLICA NO BRASIL

(Publicado no jornal *Estado de Minas*
em 3 de fevereiro de 2016)

*Luís Flavio Sapori*
*Jesus Trindade Barreto Junior*

A crise política que assola o país não está impactando apenas a performance pífia da economia. As políticas públicas de maneira geral estão sendo duramente afetadas, tanto pela falta de recursos quanto pela inanição decisória. Esse último aspecto, inclusive, explica em boa medida a inexistência de uma política nacional de segurança pública. A saúde vai muito mal, é fato, mas pelo menos o setor dispõe de estruturas institucionais, programas e projetos que viabilizam ações articuladas e contínuas entre União, Estados e Municípios. A segurança pública, por sua vez, permanece numa 'deriva institucional', com governos estaduais perdidos, governos municipais limitados e governo federal omisso.

Nos últimos cinco anos a gestão estadual da segurança pública tem se caracterizado por nítidos retrocessos. Estados que eram referências na implementação de políticas públicas de sucesso na redução da criminalidade, em especial Minas Gerais e Pernambuco, vivenciam o recrudescimento da violência contra a pessoa e contra o patrimônio devido à descontinuidade de gestão dessas políticas. São Paulo e Rio de Janeiro conseguiram resultados relevantes na contenção de homicídios, mas ainda esbarram na violência desmesurada de suas polícias. No nordeste e norte do país os sinais são desoladores. Em alguns casos, a saber, Maranhão e Rio Grande do Norte, a desestruturação do aparato policial e prisional é tão grave que beira a calamidade pública. Com exceção do Ceará e de Alagoas, os demais estados não foram capazes até o momento de implementar ações estratégicas consistentes de controle da criminalidade. Permanecem gerenciando crises. O mesmo se aplica aos estados do centro oeste e sul do Brasil. O Rio Grande do Sul, inclusive, está sofrendo a mais grave crise de segurança pública em sua história recente.

No que diz respeito aos municípios, a maioria absoluta dos prefeitos prefere não assumir o compromisso político com o controle da criminalidade. Garantem o custeio e manutenção das estruturas policiais e judiciais em suas cidades, mas não se dispõem a implementar políticas locais de segurança pública. A despeito disso, as Guardas Municipais estão em processo de empoderamento institucional, especialmente a partir da Lei 13.022 de 2014 que lhes conferiu atribuições adicionais no controle da criminalidade. Esse dado é positivo.

E o governo federal? Mantém postura típica daquele que se restringe a contemplar esse cenário desolador, com intervenções pontuais. Essa é a principal característica do governo Dilma Rousseff na questão da segurança pública. É preciso reconhecer que o Ministro da Justiça e a Secretária Nacional de Segurança Pública não ficaram inertes nesse período. Ações específicas foram adotadas, com destaque para o programa Brasil mais Seguro, alcançando bons resultados em Alagoas. Mas não foi além disso.

Desde o segundo governo FHC, passando pelos dois governos Lula, a formulação e implementação de planos nacionais de controle da violência tornaram-se iniciativas fundamentais para o balizamento das ações estaduais e municipais. Entretanto a presidente Dilma insiste em se omitir dessa responsabilidade, interrompendo uma vocação que se mostrava virtuosa na pauta de incremento das políticas públicas. O Pacto Nacional pela Redução de Homicídios, anunciado pelo Ministério da Justiça no encerrar do encontro anual do Fórum Brasileiro de Segurança Pública, em junho de 2015, não vicejou. Enquanto isto, o país segue convivendo com a desesperadora conta de quase 60 mil homicídios e mais de dois milhões de assaltos por ano

O redimensionamento institucional das competências dos entes federados e poderes constituídos, de forma a sincronizar ações, racionalizando gastos, é condição para um caminho de efetivo enfrentamento da violência e da criminalidade, que atinge sobretudo grupos vulneráveis mas, na essência, afeta todo o processo de sociabilidade da nação.

# UMA PARALISIA DESCONCERTANTE

(Publicado no jornal *Correio Braziliense*
em 18 de fevereiro de 2016)

*Samira Bueno*
*Humberto Viana*

Relatório divulgado recentemente pela ONG mexicana Conselho Cidadão para a Segurança Pública e Justiça Penal mostra que o Brasil concentra 21 das 50 cidades em que mais pessoas são vítimas de homicídio em todo o mundo.

Apenas no ano de 2014, uma pessoa foi assassinada em nosso país a cada dez minutos. Todos os dias um policial perdeu a vida, em serviço ou fora. Todos os dias 8 pessoas tiveram suas vidas tiradas por policiais.

Se 58 mil homicídios por ano não são suficientes para mobilizar o Governo Federal em torno desta agenda, pode ser importante lembrar, ainda mais em tempos de crise econômica, que vidas ceifadas prematuramente significam pessoas que deixam de produzir e consumir, que a violência inibe investimentos e tem impacto bilionário no sistema de saúde. E hoje gastamos mais com as consequências devastadoras da violência do que com políticas públicas para enfrenta-la.

Seja por respeito ao Estado de Direito, ou simplesmente por pragmatismo econômico, alguma medida concreta de enfrentamento à violência letal precisa ser tomada. E o fato é que estes dados não parecem ser suficientes para engajar União, Estados e Municípios em torno de uma ação articulada para enfrentar um dos maiores desafios da sociedade brasileira.

Promessa de campanha à reeleição da presidente Dilma Rousseff, o tão propalado Pacto Nacional de Redução dos Homicídios nunca saiu do papel, não obstante as insistentes cobranças da sociedade civil organizada e da imprensa. Há disposição técnica, reconheça-se, mas por que, depois de um ano de gestão, o tema da segurança continua não sendo prioridade para a União? De qual dificuldade padece o Ministério da Justiça para justificar sua incapacidade em liderar um movimento nacional em prol da vida?

O Brasil tem experiências de sucesso no enfrentamento à violência letal, que podem e devem servir de exemplo para uma ação articulada entre os entes federativos. Investimentos em informação e inteligência, capazes de dotar as polícias de maior dinamismo em suas ações, participação social, valorização profissional, protagonismo dos municípios, desenvolvimento de ações de prevenção são medidas que diversos estados brasileiros vêm adotando há décadas. E, em maior ou menor medida, elas têm sido capazes de frear o crescimento da violência letal, ainda que de forma localizada.

No entanto, enquanto a vontade de preservar vidas não for prioridade na agenda do Governo Federal, parece distante o sonho de uma sociedade mais pacífica. Sua capacidade de indução é altíssima por meio de convênios, especialmente entre estados do Norte e Nordeste do país, que dependem de recursos da União para seus investimentos. Com todas as limitações postas, as polícias estaduais têm operado no limite de suas capacidades institucionais, o que exige um esforço extra de outros atores para garantir que estas ações sejam articuladas. Dispende-se muita energia em ações isoladas e sem visão sistêmica, e, com poucas exceções, continuamos a andar para trás.

Esta semana o Ministério da Saúde divulgou dados preliminares de mortes por agressão do Datasus, o que apenas confirmou o que o Anuário Brasileiro de Segurança Pública já tinha antecipado com base nos registros policiais no ano passado: entre 2013 e 2014 o país experimentou novo aumento nas mortes por agressão, que atinge novos recordes a cada ano.

Seja como for, as evidências mostram o colapso do modelo de segurança brasileiro, incapaz de prover paz, justiça e segurança a sua população. Falta um projeto nacional para o campo da segurança pública, falta coordenação e falta coragem para fazer a lição de casa e sair desta paralisia desconcertante. O Brasil não pode ficar à espera de um salvador da pátria!

# POR UMA ALIANÇA ENTRE TÉCNICA E POLÍTICA

(Publicado no jornal *Gazeta do Povo*
em 25 de julho de 2011)

*Renato Sérgio de Lima*

Os dados sobre homicídios no Paraná indicam um quadro agudo e recolocam a segurança pública no centro das preocupações não só dos paranaenses, mas de toda a população brasileira.

De 2007 para 2010 houve um aumento de 23,7% no número de mortes. Em 2010, o ano fechou com média de 31,3 homicídios por 100 mil habitantes. Em 2011, no segundo trimestre, foram cometidos 1.515 crimes dessa natureza no Paraná. São 29 assassinatos por 100 mil habitantes. Desses, 169 casos (38 por 100 mil habitantes) foram cometidos somente em Curitiba, que caminha para repetir a triste marca de 2010, de aproximadamente 43 mortes para cada grupo de 100 mil habitantes e a coloca entre as cidades mais violentas do país.

O Paraná não pode postergar esforços para a reversão dessa situação. O estado tem o desafio de mobilizar um oneroso sistema de justiça criminal e de segurança pública há muito em seu limite de atuação. E, pior, um sistema que fica paralisado por disputas de competência, fragmentação de políticas e jogos corporativos, mas que, paradoxalmente, demanda investimentos crescentes para se manter.

Infelizmente, no meio, ficam a população, sem força política suficiente para influenciar novas agendas, e os governos, pouco dispostos a rediscutirem qual polícia queremos e qual o modelo de segurança pública é compatível com a democracia brasileira. Porém isso não nos isenta de agir.

No plano da gestão, inúmeras ações têm conseguido reverter as taxas de violência de, por exemplo, Pernambuco, Minas Gerais, São Paulo e Rio de Janeiro. O ponto em comum nesses estados é a aliança entre técnica e política, com uma ênfase muito acentuada no uso intensivo de informações tanto para planejamento e integração policial quanto para a incorporação da prestação de contas e fortalecimento dos canais de comunicação com a população.

Quando a atividade policial deixa de ser autônoma e passa a responder à lógica das políticas públicas, com metas e sujeita a monitoramento e avaliação, muito se ganha. Para além da tecnologia e/ou de soluções puramente técnicas, percebe-se que os problemas da área podem ser mitigados quando a política está efetivamente comprometida na construção de um novo modelo de segurança pública.

# TERROR NO PAPEL

(Publicado no jornal *O Estado de S. Paulo*
em 15 de fevereiro de 2014)

*Renato Sérgio de Lima*

Diante de um espiral de violência inaugurada pelo despreparo das polícias em lidar com as manifestações inauguradas em junho de 2013, passando pelo recrudescimento de posições radicais (de direita e de esquerda) em torno de como administrar demandas legítimas da sociedade e que ganham destaque com os Black Blocs, os reiterados incêndios de ônibus na periferia paulistana ou os justiceiros cariocas, culminando com a morte trágica do cinegrafista Santiago Andrade, o fato é que estamos correndo sérios riscos do nosso projeto democrático ser derrotado pela banalização do terror e da violência.

O Brasil tem vivido nestes últimos meses um profundo mal-estar civilizatório, que abre brechas perigosas para que a violência seja assumida como a principal baliza que regula as relações sociais no país e as respostas públicas frente ao medo, à insegurança e às demandas por paz e ordem.

Até porque a violência faz parte da história do país, sendo contada como marca da nossa identidade nacional por quase todos os grandes nomes do pensamento social brasileiro. Ela é, como propõe o sociólogo Luiz Antônio Machado da Silva, forte evidência de uma ordem social fraturada, desigual e extremamente hierarquizada e que regula seletivamente a ação e os padrões operacionais das instituições do sistema de justiça e segurança pública.

O dilema brasileiro é que, mesmo vitimando proporcionalmente mais jovens, negros e pobres, ela é aclamada por significativos segmentos da população como uma "legítima defesa da sociedade", na ineficiência dos mecanismos públicos de resolução pacífica de conflitos. E, para tornar o quadro ainda mais perverso, temos o exemplo do Senado Federal, que tenta reagir às manifestações sociais com soluções *ad hoc,* como a atual proposta de tipificação do crime de "terrorismo", que reproduz a lógica do pânico e oportunisticamente pega carona nos temores e anseios da população por justiça.

Na prática, a vontade de vingança e de castigo suplanta a ideia de justiça e de punição e, no caso, reforça um factoide político que busca agradar a opinião pública mas que não enfrenta o fato de que nosso sistema de justiça e segurança pública está falido e necessita de reformas estruturais mais profundas.

E, sem essas reformas estruturais, que passam por eliminar antagonismos e por esvaziar de legitimidade o uso excessivo da violência por parte das polícias, quando o Estado precisa reagir às ameaças, seus representantes acabam, conscientemente ou não, por reforçar essa mesma violência. Ao serem cobrados dos excessos institucionais, esses dirigentes os justificam em função do contexto social e das características da criminalidade e declaram-se impotentes frente à "frouxidão" da legislação.

Por certo temos que melhorar a eficiência das políticas públicas de justiça e segurança, coibindo atos criminosos e a violência por parte da sociedade, mas nosso problema é muito mais profundo e não circunscrito às leis. A violência está arraigada na nossa ordem social e nas nossas relações de poder. Ela solapa a confiança nas instituições e nas leis.

Resgatando Hannah Arendt, filósofa que teve a coragem de ir contra o pensamento dominante, embora os fenômenos da violência e do poder apareçam usualmente juntos, a diminuição do poder faz com que este deixe de restringir a violência, que quando não restringida pelo poder, pode destruí-lo e tem um grande potencial desagregador, como parece que estamos vendo no debate atual. Vivemos um vácuo de poder legítimo.

Assim, penso que o momento político e institucional é extremamente preocupante, pois estamos à beira de retrocessos significativos no projeto democrático inaugurado da década de 1980. Na reação aos excessos sociais e em nome de combater a violência, estamos vendo o crescimento de opiniões que advogam autorização para revogar direitos e restringir liberdades.

E, infelizmente, em nome de um Estado forte, o Brasil sufocou os canais de participação existentes e que poderiam deter esse clamor populista. A sociedade civil organizada foi sendo paulatinamente enfraquecida e criminalizada, bem como os defensores de direitos identificados como inimigos da sociedade. Adicionalmente, a imprensa brasileira foi sendo atingida por ameaças reais à integridade física de seus profissionais.

Como resultado, na aguda crise de legitimidade do nosso sistema político e dos Governos, as demandas sociais não encontram eco nas instituições públicas e não mais têm porta-vozes capazes de estabelecer interlocução com o Estado.

Por tudo isso, ao contrário de tentarmos novas tipificações penais ou justificarmos a violência institucional frente ao contexto social, temos que defender um pacto em defesa de uma vida digna e em paz; que garanta direitos, previna a violência e reabra canais de diálogos.

# A BANALIZAÇÃO DO TERROR

(Publicado no jornal *Zero Hora*
em 7 de novembro de 2015)

*Renato Sérgio de Lima*

No último dia 28 de outubro de 2015, o Senado aprovou o projeto de lei 101/2015, que define os crimes que poderiam ser enquadrados como atos de terrorismo e cria procedimentos investigatórios e processuais especiais que visam dar celeridade e tratamento diferenciado a casos que assim forem tipificados.

O projeto já havia sido aprovado pela Câmara dos Deputados e, como houve mudanças em relação ao texto original, ele voltará a ser discutido pelos deputados. A torcida é que esta seja uma última oportunidade para que o Brasil discuta seriamente como lidar com o tema e com os riscos embutidos em uma proposta desta envergadura.

Em princípio, nada contra o país ter uma legislação que tipifica o terrorismo e que cria condições para que as instituições do sistema de justiça criminal e de segurança pública possam garantir a defesa dos interesses da sociedade brasileira. Até porque existe acordos internacionais que estimulam legislações desta natureza, ainda mais com as Olimpíadas de 2016.

Entretanto, em países como o Brasil, de resiliente tradição autoritária, instituições como as polícias são historicamente estimuladas a garantir a "ordem", mesmo que isso signifique coibir manifestações políticas legítimas e movimentos sociais. Em nome de um Estado forte, o Brasil sufocou os canais de participação existentes e, na pressa, joga-se para a torcida e esquecemos que o jogo é perverso, cruel e violento.

Como resultado, a sociedade civil organizada foi sendo paulatinamente enfraquecida e criminalizada nas últimas duas décadas, bem como os defensores de direitos identificados como inimigos da sociedade. A imprensa brasileira foi sendo atingida por ameaças reais à integridade física de seus profissionais e parcelas das Universidades ficaram numa confortável zona da crítica pela crítica, sem nenhum compromisso com políticas públicas mais efetivas.

Por tudo isso, na atual aguda crise de legitimidade do nosso sistema político e dos governos, as demandas sociais não encontram eco nas instituições públicas e não mais têm porta-vozes capazes de estabelecer interlocução com o Estado. Por esta lógica, quem irá interpretar a legislação e aplica-la ganha grande autonomia e ganha um enorme poder de regulação de condutas e de determinação da fronteira entre o legal e o ilegal; entre o que poderia ser ou não um ato terrorista.

O dilema brasileiro é que, mesmo vitimando proporcionalmente mais jovens, negros e pobres, a violência é aclamada por significativos segmentos da população como uma "legítima defesa da sociedade", na ineficiência dos mecanismos públicos de resolução pacífica de conflitos. Ela é, como propõe o sociólogo Luiz Antônio Machado da Silva, forte evidência de uma ordem social fraturada, desigual e extremamente hierarquizada e que regula seletivamente a ação e os padrões operacionais das instituições do sistema de justiça e segurança pública.

Há um pacto de silêncio e um comportamento dúbio por parte da sociedade que, quando interessa, exige da polícia um comportamento republicano e democrático, mas, quando atingida por situações de violência ou desordem, "compreende" e aceita que essa mesma polícia faça acordos, adote medidas extralegais para reprimir violentamente potenciais ameaças ou que funcione como reguladora moral de comportamentos e pessoas tidas como perigosas. Vivemos um profundo mal-estar civilizatório.

E, até pela influência geopolítica dos EUA no Ocidente, o medo de novos ataques terroristas cria um ambiente sócio-político e cultural que enfraqueceu o discurso daqueles que defendem que segurança pública seja uma prioridade, mas executada a partir de rigorosos mecanismos de controle e transparência. Assim, penso que o momento político e institucional é extremamente preocupante, pois estamos vivenciando retrocessos significativos no projeto democrático brasileiro.

Na reação aos excessos sociais e em nome de combater a violência, estamos vendo o crescimento de opiniões que advogam autorização para revogar direitos e restringir liberdades. E é neste contexto que o PL 101/2015 busca inspiração e motivação.

Por certo ainda temos muitos dirigentes públicos que, quando o Estado precisa reagir às ameaças, declaram-se impotentes frente à "frouxidão" da legislação, mas nosso problema é muito mais profundo e não circunscrito às leis. A violência está arraigada na nossa ordem social e nas nossas relações de poder. Ela solapa a confiança nas instituições e nas leis.

E, em um modelo de segurança pública que atribui às polícias a tarefa de definir a fronteira cotidiana entre o legal e o ilegal, conceder excesso de autonomia a elas configura-se como um dos maiores riscos embutidos no Projeto de Lei ora aprovado pelo Senado. Em nome de uma demanda legítima, corremos o risco de banalizar ainda mais o terror e a violência.

# SEGURANÇA DURANTE A COPA FIFA 2014 E MOBILIZAÇÃO NACIONAL

(Publicado no jornal *Brasil Post*
em 10 de abril de 2014)

*Renato Sérgio de Lima*

Muito já se tem escrito sobre o fato de, no Brasil, segurança pública não ser claramente definida na legislação e na jurisprudência e, no dia-a-dia institucional, ser operada a partir de doutrinas e práticas que ainda não foram suficientemente influenciadas pelos princípios democráticos inaugurados pela Carta de 1988. E, nesse processo e ainda sob efeito dos traumas ainda fortes do regime autoritário, temos dificuldades em lidar com o papel das Forças Armadas e das Polícias no controle de situações como a Copa Fifa 2014.

Diferentes posições políticas e institucionais interagem, desse modo, para que segurança pública não esteja circunscrita em torno de uma única definição conceitual e esteja imersa num campo em disputas. Trata-se menos de um conceito teórico e mais de um campo empírico e organizacional que estrutura instituições e relações sociais em torno da forma como o Estado administra a ordem e os conflitos sociais.

A segurança pública constitui, assim, um campo formado por diversas organizações que atuam direta ou indiretamente na busca de soluções para problemas relacionados à manutenção da ordem pública, controle da criminalidade e prevenção de violências. Campo este que não se confunde com o Sistema de Justiça Criminal e nem se resume às organizações policiais, por mais que essas tenham papel central no debate público acerca da área.

Para entender as dinâmicas próprias de cada campo organizacional é necessário compreender como determinadas práticas são institucionalizadas, as identidades são formadas, como novos conceitos e atores são incorporados e como os conflitos estão estruturados. No caso da segurança pública, um olhar sobre como ela foi recepcionada pelas Constituições Brasileiras - CF e pela legislação demonstra, uma vez mais, que estamos diante de um conceito "em aberto".

O termo segurança "pública" parece ter sido usado pela primeira vez na CF de 1937 (Artigo 16, inciso V). Em outras Constituições Federais, como a de 1934, aparece o termo segurança "interna" para tratar com matérias atinentes ao controle da ordem, fato que irá gerar vários dilemas organizacionais no país e em seu pacto federativo. É interessante constatar que, na Constituição de 1937, cabia exclusivamente à União a competência por regular a matéria e garantir "o bem-estar, a ordem, a tranquilidade e a segurança públicas, quando o exigir a necessidade de unia regulamentação uniforme".

Nota-se aqui uma primeira tensão conceitual e que terá impacto direto nos mandatos e atribuições das polícias brasileiras. A Lei 192, de 17 de janeiro de 1936 (anterior à CF de 1937, portanto) regulava as atividades das polícias militares e as vinculava às Unidades da Federação, cabendo à União apenas um papel de supervisão e controle, por meio do Exército.

Por essa Lei, as polícias militares eram as responsáveis pela segurança "interna", enquanto a CF/37 fala de segurança "pública", atividade que formalmente não foi assumida por nenhuma instituição até a Constituição de 1988. O significativo é que esta Lei só foi revogada pelo Decreto Lei nº 317, de 13 de março de 1967, que regulamentou a Constituição de 1967 no que tange à atuação das polícias.

O conceito criado pela Constituição de 1937 parece não ter conseguido se institucionalizar e não teve força para mudar, mesmo após o Estado Novo, as estruturas que organizavam as polícias estaduais. E ainda mais emblemático dessa dificuldade é que a Constituição Federal de 1967 reestabeleceu a competência das PM para a "manutenção da ordem e segurança interna nos Estados, nos Territórios e no Distrito Federal".

Será somente a Constituição de 1988 que irá resgatar o conceito de 1937 e trará um capítulo específico sobre segurança "pública", não obstante repetir a Constituição de 1937 e não definir o significado deste conceito. A CF/88, em seu Artigo 144, definirá tão somente quais são as instituições públicas encarregadas por prover segurança "pública". Em suma, nossa atual constituição não define o que vem a ser segurança pública, apenas delimita quais organizações pertencem a este campo.

Todavia, os ruídos no pacto federativo e no modelo bipartido de organização policial (civil e militar), herdados de períodos anteriores, não foram enfrentados pela CF de 1988 e, ao contrário, novas situações de fricção foram criadas com a introdução dos municípios na formulação e execução de políticas de prevenção e combate à violência. A CF/88 avançou na construção de um novo conceito de segurança "pública", mas, ao que tudo indica, apenas em oposição ao de segurança "nacional", na tentativa instrumental de fornecer ao Estado condições e requisitos democráticos de acesso à justiça e garantia de direitos.

Entretanto, pela análise das Constituições Federais, percebe-se que as polícias estaduais estavam menos orientadas pela "agenda" da segurança "nacional" e pautavam - e por vezes ainda pautam - suas culturas organizacionais a partir da lógica da segurança "interna", de forte influência no meio policial.

Numa revisão historiográfica, constata-se que a doutrina da segurança "nacional" havia sido reivindicada pelas forças armadas desde a Revolução Constitucionalista de 1930, apartando-a das polícias. A própria Lei 192 é fruto desse fato, ao impor uma série de restrições e controles às polícias militares, como as que as proibiam de adquirir ou manter peças de artilharia e, com isso, limitar o poder dos estados e fortalecer a União. As polícias foram instrumentalizadas, mas não absorvidas por essa doutrina, cabendo a essas organizações um papel muito mais de controle da ordem interna.

Assim, a conclusão possível é que o conceito de segurança "interna", reestabelecido pela CF/67 e regulamentado pelo Decreto Lei nº 317, de 13 de março de 1967, será, mesmo após 1988, central para a formação da agenda das políticas de segurança "pública" no país. Na inexistência de contrapontos, ele vai sendo reinterpretado e mantido como o "modus operandi" das organizações da área.

Resumindo, segurança "pública" é ainda um conceito frouxamente formulado e recepcionado na legislação brasileira e nas normas que regulam o funcionamento das instituições encarregadas de garantir direitos, ordem e tranquilidade.

Nesse processo, um dos principais desafios do campo da segurança "pública" é, por conseguinte, se legitimar para viabilizar a mudança de determinadas práticas, vistas como violentas, ilegais e arbitrárias. Faz-se necessário explicitar que não cabe às forças armadas este papel. Outro desafio diz respeito a mudanças nas práticas de gestão e de prestação de contas para a população, aumentando a transparência, melhorando o desempenho da atividade policial e aproximando as polícias da comunidade e de setores como a universidade e a mídia.

A questão aqui enunciada é, desse modo, como segurança "pública" pode ser sinônimo de práticas democráticas de controle social. Temos que "blindá-la" da ideia de que colocar o "Exército" nas ruas é sinônimo de política eficiente de segurança pública. As forças armadas devem, sim, colaborarem e atuarem na estratégia de segurança da Copa, mas não devem se envolver em atividades cotidianas de segurança pública.

Se assim for, a participação das Forças Armadas na estratégia de segurança da Copa Fifa 2014 passa ser menos uma questão institucional e mais um imperativo político de mobilização nacional em torno de um objetivo que não se encerra apenas na dimensão da segurança pública e envolve aspectos, aqui sim, estratégicos e de defesa; de inserção do país no cenário geopolítico mundial.

E, nesse contexto, é interessante notar que, no passado, as soluções para os problemas enfrentados pelas polícias eram copiadas das Forças Armadas. Atualmente, muitas das soluções adotadas pelas polícias têm origem em outras polícias. É um sinal, portanto, do fortalecimento do campo da segurança pública vis-à-vis o campo militar.

Todavia, esse fortalecimento corre riscos se não o pensarmos na lógica da mobilização nacional, na qual fique transparente a atribuição de responsabilidades entre as diferentes organizações envolvidas. Há hoje no país uma série de leis, decretos e normas que, em tese, regulamentam os procedimentos do "sistema de mobilização nacional" mas elas são quase que desconhecidas pela população e pelos vários órgãos públicos que deveriam integrar tal sistema. Nesse movimento, as disputas são ganhas no grito político e não na articulação de competências.

Se pensarmos o envolvimento das Forças Armadas na segurança do evento da Fifa no Brasil de modo isolado, corremos o risco de repetir o que ocorreu na África do Sul, quando sob o pretexto daquele país se adaptar às exigências de segurança, várias mudanças democratizantes nas polícias do Pós-Apartheid foram interrompidas e, por exemplo, as polícias foram remilitarizadas.

Temos que tratar a segurança pública como inserida em um projeto de modernização da sua arquitetura institucional e de profissionalização das polícias.

A necessidade de profissionalização das organizações de segurança pública, principalmente das polícias, tem redefinido o campo da segurança pública em muitos países, diminuindo a influência das organizações militares. Isso porque a profissionalização implica na ideia de desenvolvimento de saberes específicos como estratégia para aumentar a eficiência da prevenção da violência, da investigação de crimes e da garantia da paz e de direitos.

E, nessa perspectiva, a discussão sobre a formação de uma nova agenda democrática das políticas de segurança pública passa, necessariamente, pela reflexão acerca das práticas institucionais vigentes nas organizações policiais e na ampliação da participação social.

Isso significa que resultados de longo prazo só poderão ser obtidos mediante reformas estruturais que enfrentem alguns temas sensíveis, tais como: a distribuição e a articulação de competências entre União, Estados e Municípios e a criação de mecanismos efetivos de cooperação entre eles e demais Poderes; a reforma do modelo policial estabelecido pela Constituição; e o estabelecimento de requisitos mínimos nacionais para as instituições de segurança pública no que diz respeito à formação dos profissionais, transparência e prestação de contas, uso da força e controle interno e externo.

Trata-se de uma agenda que associa mudanças incrementais e de práticas de gestão com alterações na arquitetura institucional e legal que regula o setor no Brasil. Sem que essas duas dimensões sejam simultaneamente enfrentadas, a perspectiva é de manutenção de uma perversa realidade; de manutenção de uma ordem que confunde defesa do Estado com defesa dos interesses de uma sociedade plural e democrática.

Por certo tais reformas transcendem a realização da Copa Fifa 2014, mas o principal legado do evento para a segurança pública pode ser, exatamente, criar uma janela de oportunidade para que os temas da articulação, da cooperação e da mobilização sejam assumidos como centrais e consigam desobstruir a agenda interditada da segurança pública no Brasil.

# PRISÕES DE ATIVISTAS EXPÕEM LIMITAÇÕES DO ESTADO EM LIDAR COM A CONTESTAÇÃO

(Publicado no jornal *Zero Hora*
em 19 de julho de 2014)

Renato Sérgio de Lima

Após uma enorme reversão de expectativas que previam o colapso da infraestrutura e da segurança pública e apostavam numa exitosa campanha da nossa seleção masculina, a Copa foi encerrada sem grandes crises. E, frente a esta reversão, caminhamos para o período eleitoral imersos na discussão sobre o legado que o mundial de futebol deixa para o Brasil.

No caso da segurança pública, tema tabu para a maioria dos candidatos a cargos executivos, chama atenção as prisões preventivas de cerca de 20 pessoas antes da Copa, pois, além de um intenso debate jurídico sobre a legalidade das mesmas, elas demonstram que a receita do aparente sucesso em evitar maiores crises pode embutir armadilhas perigosas para um país que se pretende moderno e democrático.

A Polícia Civil do Rio de Janeiro, com base na previsão legal de prisão temporária por cinco dias para averiguações e no curso de inquérito policial, encaminhou ao Poder Judiciário o pedido da decretação dessas para aproximadamente 60 ativistas que vinham sendo monitorados no período que antecedeu à realização da Copa. O pedido foi parcialmente deferido pelo juiz da 27ª Vara Criminal do Rio de Janeiro, juntamente com dois mandados de busca e apreensão.

Segundo a Polícia Carioca, o acerto de tal medida se deu pelo fato de que foram apreendidas com esses ativistas armas de choque, um revólver, explosivos, sinalizadores, drogas, máscaras de gás, entre outros equipamentos. Vários delegados e agentes foram mobilizados não só no RJ, mas em outros estados como o Rio Grande do Sul.

Porém, ao longo desta semana, o TJ/RJ revogou quase todas as prisões, indicando que, mais do que as suspeitas em si, as prisões também acabaram por servir como estratégia policial e judicial para mitigar potenciais riscos à imagem do país. É verdade que temos que conter excessos e a prisão temporária em si não é a principal questão, mas sim o momento em que ela foi acionada.

Desse modo, ao que tudo indica, o sistema de justiça e segurança fez uma opção institucional que viu na defesa das manifestações um crime potencial e uma ameaça à ordem, independente dos reais riscos de violência existentes.

O nosso sistema de segurança não encarou o mundial como uma oportunidade para se modernizar frente aos desafios dos novos padrões democráticos de desenvolvimento e para repensar como administra conflitos sociais. Ao contrário, viu na sociedade um inimigo dos interesses do Estado e os responsáveis pelos potenciais riscos precisavam ser isolados.

Por trás das prisões dos ativistas há, a meu ver, um paradoxo de fundo que, por um lado, nos faz conviver com taxas de impunidade altíssimas, erodindo a confiança nas leis e nas instituições. Isso porque, conforme dados dos Anuários Brasileiros de Segurança Pública, o nosso sistema de segurança é ineficiente, gasta muito mas não tem capacidade de investimento e inovação e convive com baixas taxas de investigação e esclarecimentos de delitos e precárias condições de encarceramento.

Por outro lado, as instituições de segurança pública e justiça criminal, premidas pelas cobranças da mídia e da opinião pública, são em muito regidas por critérios de seletividade penal nascidos da ideia de que algo precisa ser feito a qualquer custo para conter a violência e os criminosos, abrindo margens para medidas de extremo rigor penal.

Na falta de parâmetros sobre como lidar com crime, manifestações e quaisquer ameaças à ordem social, recorre-se ao discurso de que o país tem leis lenientes e que é necessário endurecer o tratamento penal. Todavia, ao fazer isso, as instituições esquecem-se de que nossos problemas são bem mais complexos. Por certo, temos que melhorar a eficiência das políticas públicas de justiça e segurança, coibindo atos criminosos e a violência por parte da sociedade, mas a que custo?

Diante deste quadro, nota-se que as prisões efetuadas pela polícia carioca nos impõem um profundo mal estar civilizatório frente às respostas públicas que hoje pautam as ações das instituições de segurança pública e justiça criminal. A impressão é que erramos no diagnóstico e erramos no remédio.

Dito de outra forma, as ameaças do crime organizado, as altas taxas de crimes violentos e a baixíssima capacidade dos órgãos de justiça e segurança em prevenir a violência e evitar a impunidade mostram que algo está fora da ordem. As polícias civil e militar, insuladas em seus projetos de corporação, não conseguem fazer frente aos desafios contemporâneos impostos pelo crime e pela dinâmica de uma sociedade plural e democrática.

E, na ausência de uma política de segurança pública pautada na garantia de direitos e na defesa da paz, a defesa dos interesses do Estado e a vontade de castigo suplanta a ideia de justiça e, no caso, não enfrenta o fato de que as evidências empíricas disponíveis mostram que o nosso sistema de justiça e segurança pública está falido e necessita de reformas estruturais mais profundas.

E, na tentativa de um pacto em torno dessas reformas, centenas de policiais, especialistas e representantes da sociedade civil e de vários segmentos políticos estarão reunidos de 28 a 31 de julho, no 8º Encontro Anual do Fórum Brasileiro Segurança Pública, na FGV/SP. Ainda há vagas gratuitas para os interessados em participar. Maiores detalhes estão em http://encontro.forumseguranca.org.br/index.php/encontro/8encontro.

# ESPIRAL DE VIOLÊNCIA

(Publicado no *Estadão Noite*
em 14 de agosto de 2015)

*Renato Sérgio de Lima*
*Samira Bueno*

No imaginário cabalístico, o número 13 e o mês de agosto são vistos como presságios de tragédias ou infortúnios. E, no caso, menos de um mês após o Governo de São Paulo comemorar a menor taxa de homicídios da história, o Estado viveu a noite de 13 de agosto de 2015 sob a égide do terror, com ataques nos municípios de Osasco e Barueri, na Região Metropolitana da capital, que mataram 18 pessoas e feriram outras seis.

Num Estado que se orgulha de ter reduzido suas taxas de homicídios, crimes como os de 13 de agosto são uma trágica lembrança de que estamos muito distantes de ver resolvida esta que é uma das principais preocupações da população. E, como agravante, tais crimes configuram a chacina com o maior número de mortes da história do Estado.

São Paulo tem, sem dúvida, vitórias para comemorar na redução dos homicídios, mas está longe de poder dizer que segurança pública é uma questão que está controlada. Há muito que ser feito. E a própria experiência paulista indica que o caminho passa pela integração interinstitucional, pela transparência e por medidas que articulem diferentes poderes e níveis de governo.

Mas essa integração esbarra em disputas políticas, culturas organizacionais e práticas institucionais que se mostram poderosas na manutenção do atual quadro de medo e violência, não obstante pesquisa encomendada pelo Fórum Brasileiro de Segurança Pública indicar que 81% da população das grandes cidades brasileiras tem medo de ser assassinada.

Segundo o secretário de segurança de São Paulo, a investigação em curso não descarta a possibilidade de agentes públicos estarem envolvidos e de que os ataques estejam ligados às mortes recentes de um policial e a de um guarda civil na mesma região. Todavia, em se confirmando essa linha de investigação, teremos de lidar com o fato de que muitos ainda dirão que os ataques visavam "bandidos" e, por isso, são uma forma legítima de lidar com a criminalidade. Dito de outra forma, a violência será justificada pela violência dos criminosos e mais uma vez a espiral de medo e vingança rumará ao infinito.

Enquanto isso, no seu afã de dar respostas mais midiáticas do que efetivas, a Câmara dos Deputados aprovou também nesta mesma data o texto base que tipifica o terrorismo, que busca dotar o estado de mecanismos jurídicos para agir em tais situações, incluindo depredações e violências no rol de casos em que as polícias poderiam enquadrar como atos terroristas e serem punidos com medidas de exceção.

Isso para não falar na rapidez com que tenta votar em segundo turno a PEC da redução da maioridade penal e a revogação do Estatuto do Desarmamento, mesmo sem dados confiáveis que validem tais caminhos. Estamos no terreno impressionista e das paixões ideológicas.

Ao invés de se preocupar em garantir direitos e paz para a população, a Câmara tem se notabilizado por votar projetos que enfraquecem as políticas de prevenção à violência, transferem a responsabilidade do Estado para a população ao assumir que o sistema é incapaz de protegê-la e, ao mesmo tempo, reforçam que o Estado pode a qualquer tempo agir para impor a ordem, mesmo que isso signifique limitar o exercício da Cidadania e do Estado de Direito.

Em suma, o dia 13 de agosto de 2015 lembra a nós brasileiros que o caminho para a efetivação de políticas públicas que valorizem a vida ainda é muito longe, e que a violência teima em bater à porta.

# SEGURANÇA SE FAZ COM MAIS CONTROLE E MENOS ARMAS

(Publicado pelo jornal *Folha de S. Paulo*
em 26 de abril de 2013)

*Samira Bueno*

O empresário João Alberto de Camargo Cardoso foi assassinado na noite de 27 de fevereiro em sua imobiliária durante um assalto.

Sua morte faz parte da triste estatística divulgada ontem pela Secretaria da Segurança Pública: 101 vidas roubadas no primeiro trimestre em São Paulo, um incremento de 24,7% em relação ao primeiro trimestre de 2012.

Se considerarmos apenas os dados da capital paulista, o dado é ainda mais assustador, com um aumento de 90,5% dos latrocínios.

O que se observa é uma tendência ascendente nos crimes violentos, resultado da "onda de violência" vivida desde o segundo semestre do ano passado e que ainda não foi revertida. Isso reforça o medo e a insegurança da população, que, por sua vez, cobra medidas do Estado.

Não podemos incorrer no erro de responder ao aumento da violência com o recrudescimento da política de segurança, como a redução da maioridade penal que voltou ao debate público.

Uma política de segurança eficiente se faz com o investimento na produção e transparência de informações, aperfeiçoamento das ações de inteligência, valorização dos profissionais de segurança pública, mecanismos de controle robustos e diminuição da circulação de armas.

O investimento nestas ações funcionou entre 2000 e 2011, quando São Paulo logrou reduzir 70% dos seus homicídios. Já passou da hora de iniciarmos a discussão sobre o modelo de segurança pública brasileiro, introduzindo mudanças substantivas em sua estrutura. Enquanto isso não acontece, seguimos enxugando gelo.

# PORTAR ARMA NÃO AUMENTA CHANCES DE DEFESA EM CASO DE ASSALTO

(Publicado no portal *UOL Notícias*
em 1 de setembro de 2015)

*Renato Sérgio de Lima*

Em meio aos debates acerca da revogação do Estatuto do Desarmamento é importante frisar a enorme lacuna de informações com que as discussões são travadas no campo da segurança pública no Brasil. Só muito recentemente é que o país tem acordado para a relevância de se dispor de sistemas de informação confiáveis e transparentes enquanto ferramentas de planejamento e de prestação de contas das instituições da área.

Muito do que se defende como solução para os graves e agudos problemas da violência e da segurança não são objeto de diagnósticos robustos e de planejamento criterioso. São, em verdade, a tradução de uma forte disputa ideológica e impressionista pelo significado de lei, ordem e segurança pública no país.

Desse modo, no momento em que a Câmara dos Deputados se prepara para colocar o projeto de revogação do Estatuto em votação na Comissão Especial, vale resgatar e revisitar alguns argumentos do passado e, sobretudo, algumas evidências disponíveis, que provam que hoje no Brasil há uma distância muito grande entre o que está sendo propugnado como solução e o que de fato ocorre no cotidiano e na vida da população.

Enquanto o medo é alimentado, as soluções mais efetivas e eficientes não são construídas.

Para se ter uma ideia, no início do ano de 2000, pesquisa intitulada "Também morre quem atira", por mim coordenada no Instituto Brasileiro de Ciências Criminais (IBCCRIM) e realizada a pedido da Secretaria de Segurança Pública de São Paulo, concluiu que a parcela da população da cidade de São Paulo que possuía arma de fogo corria um risco 56% superior de ser vítima fatal numa situação de roubo do que o restante da população.

Dito de outra forma, se a média de armas de fogo em circulação na cidade naquele momento era de 1,8 armas para cada grupo de 10 habitantes, a média de armas entre as vítimas de roubos seguidos de morte (latrocínios) era de 2,84 armas para cada 10 habitantes. E, corroborando este maior risco, a pesquisa observou que, em seu grupo controle, que as vítimas de tentativas de latrocínio conseguiram evitar um desfecho fatal em apenas 13,8% dos casos.

Por estes dados, que tiveram por fonte os registros de ocorrência policial de São Paulo, o argumento da legítima defesa é falacioso e diz mais sobre as opções institucionais e preferências pessoais do que descreve um fato de realidade. E, notem, o período analisado é anterior ao Estatuto do Desarmamento - ou seja, naquele período o país autorizava sua população a andar armada.

Nem por isso o risco era menor. Ele não é subjetivo: ele é real e imediato. E não está circunscrito exclusivamente à população "indefesa". Dados publicados no Anuário do Fórum Brasileiro de Segurança Pública dão conta de informar que os policiais do país correm três vezes mais chances de morrerem do que a média da população.

E isso ocorre com quem lida com armas de fogo todos os dias e tem preparo técnico para manuseá-la. Outra confusão ideológica é afirmar que o Estatuto proibiu a compra de armas. Porém, o que o Estatuto fez foi proibir a circulação, e não a compra. As pessoas que atendem aos requisitos da lei podem continuar a comprar armas.

E os dados corroboram esta afirmação. Entre 2004 e 2014, como exemplo, foram mais de 120 mil registros concedidos a civis pelo Departamento de Polícia Federal e o número está crescendo. É falso, portanto, dizer que o cidadão não tem acesso à arma, ou que o referendo de 2005 não está sendo respeitado.

Em síntese, o momento político do Brasil exige um cuidado redobrado com os falsos profetas e com aqueles que bradam de suas tribunas verdades absolutas, estereótipos e intolerâncias. São estas pessoas que não querem ouvir o contraditório e não fazem questão de qualificar o debate e as políticas públicas com dados. Até porque, pelos dados e pesquisas disponíveis, arma de fogo representa um risco de morte maior e não há como negar esta realidade.

Podemos assumir que a sociedade pode legitimamente assumir que está disposta a correr esse maior risco, porém não podemos aceitar a sua imposição no grito. O fato é que não podemos incentivar a legislação do pânico e, acima de tudo, temos que compreender que a violência exige de todos um esforço de integração e articulação que transcende em muito interesses particulares/corporativos. Na dúvida, vale dar uma chance à vida.

# UMA PROPOSTA IRRESPONSÁVEL

(Publicado no jornal *Folha de S.Paulo*
em 14 de novembro de 2015)

*Sérgio Adorno*
*Renato Sérgio de Lima*
*Paulo Sérgio Pinheiro*

No Brasil, em momentos de crises macroeconômica e política, o debate nacional se reduz à agenda econômica e o olhar do Poder Público se afasta de outros temas. Neste cenário de acentuada polarização social, grupos valem-se da oportunidade para pautar a agenda política com temas reacionários que incitam ódio e intolerância.

Prova disso é que o Brasil, contra todas as evidências disponíveis, deu um passo largo rumo ao precipício com a aprovação, pela comissão especial da Câmara dos Deputados, do projeto de lei 3.722/12, que revoga o Estatuto do Desarmamento.

Os parlamentares aprovaram um texto que, entre outros pontos, reduz de 25 para 21 anos a idade mínima para a compra de armas e autoriza pessoas processadas ou investigadas a ter e portar armas.

O aumento do acesso às armas de fogo não impedirá o crime violento. Há várias pesquisas científicas que indicam que o Estatuto do Desarmamento, em vigor desde 2004, conteve a escalada de homicídios.

O crescimento médio anual de assassinatos por arma de fogo antes do estatuto era mais de 15 vezes maior do que o observado entre 2004 e 2013; 121 mil pessoas deixaram de ser mortas, segundo pesquisa de Daniel Cerqueira, do IPEA (Instituto de Pesquisa Econômica Aplicada), e Gláucio Soares, da Uerj (Universidade do Estado do Rio de Janeiro).

O Congresso, com honrosas exceções, teima em avançar numa agenda conservadora e retrógrada, desmontando os avanços conquistados na esteira da Constituição de 1988. A pauta é fundada em prognósticos equivocados e soluções comprovadamente ineficientes ao longo das últimas décadas. Abre-se mão da ideia de justiça pública.

Os Anuários Brasileiros de Segurança Pública demonstram que convivemos anualmente com mais de 58 mil mortes violentas, cerca de 50 mil estupros e graves violações aos direitos humanos. Isso para não falar das constantes ameaças do crime organizado, do crescimento dos roubos, do medo e da insegurança.

A violência faz parte do cotidiano brasileiro. Não bastasse a ação de criminosos, a intervenção policial já é a segunda causa de mortes violentas intencionais. Em paralelo, sobe o número de policiais mortos em vários Estados.

Estamos diante de um "mata-mata" extremamente cruel, que incentiva a ideia de policial vingador, porém não oferece a ele nada além de uma insígnia de herói quando de sua morte em "combate".

Temos uma sociedade fraturada sobre como lidar com crimes e criminosos. Segundo pesquisa Datafolha, encomendada pelo Fórum Brasileiro de Segurança Pública, 50% dos residentes nas grandes cidades brasileiras concordam com a frase "bandido bom é bandido morto". Esse percentual é maior entre homens moradores da região Sul do país e autodeclarados brancos.

Por outro lado, 45% da população discorda dessa afirmação. Esse grupo é proporcionalmente mais composto por mulheres, autodeclarados negros, jovens e moradores da região Sudeste.

Há uma disputa pela legitimidade do matar e já não é mais possível afirmar que a sociedade clama para que as polícias mantenham o confronto violento como modelo de padrão de atuação.

Ao invés de armar a sociedade e cultuar a morte, há espaço para modernizar e aperfeiçoar a segurança pública e valorizar a vida. A redução das mortes violentas no Brasil é uma causa maior para a democracia e deve estar fundada numa ampla aliança suprapartidária.

Diante desta realidade, a revogação do Estatuto do Desarmamento é uma proposta irresponsável, mal informada, demagógica e que atenta contra a proteção da vida dos cidadãos. Ela ainda pode e deve ser barrada na Câmara dos Deputados ou no Senado.

# ADEUS ÀS ARMAS

(Publicado no *Diário de Pernambuco*
em 16 de dezembro de 2015)

*José Luiz Ratton*

Entre 2000 e 2013, segundo o Sistema de Informação de Mortalidade do Ministério da Saúde, 705.991 pessoas foram assassinadas no Brasil. Em números absolutos, nenhum país mata mais do que o Brasil. Mais de 73% destas mortes foram produzidas por armas de fogo. A pesquisa científica nacional e internacional tem indicado de forma contundente que há uma relação clara e direta entre o aumento da quantidade e da disponibilidade de armas de fogo, por um lado, e a elevação das taxas de homicídio e de suicídio, por outro. Também existem evidências seguras de que a maioria das armas de fogo é usada para a prática de crimes e não para a defesa pessoal e que tais armas são de baixo calibre, foram produzidas em território nacional, compradas legalmente e acabaram parando nas mãos de criminosos.

A Lei Federal 10.826 de dezembro de 2003, conhecida como Estatuto do Desarmamento, estabeleceu controles mais rigorosos para o registro, a posse e a comercialização das armas de fogo e de munição e é considerada pela comunidade científica brasileira uma das poucas iniciativas públicas que tiveram impacto efetivo sobre a redução das mortes violentas intencionais no país. Contudo, em outubro de 2015, uma Comissão Especial da Câmara dos Deputados, composta por vários parlamentares que receberam doações eleitorais da indústria de armas e munições, aprovou de forma açodada um texto que relaxa todos os controles estabelecidos anteriormente e que vêm salvando milhares de vidas nos últimos doze anos. Se o texto for aprovado em definitivo pelo Plenário do Senado, teremos a revogação do Estatuto do Desarmamento e um retrocesso incalculável.

Sabe-se que a violência é um fenômeno complexo e de múltiplas causas. Para controlá-la e reduzi-la é preciso combinar diferentes estratégias, em vários níveis. As evidências científicas disponíveis indicam de forma inequívoca que o estabelecimento de controles rigorosos sobre a posse e a venda de armas de fogo é um dos meios mais eficientes para reduzir a letalidade criminal e salvar vidas em contextos sociais violentos como o nosso. Já passou da hora de dizermos para o Brasil o que foi dito em editorial pelo jornal New York Times para os Estados Unidos: a posse legal de armas de fogo por civis é algo moralmente ultrajante e uma desgraça nacional. É ilusão pensar que a posse de armas traga mais segurança. Ela nada mais é do que um resquício de um mundo passado, nas palavras de Steven Pinker, professor de Harvard. Nos últimos trinta anos, o Brasil foi capaz de fazer a transição democrática, reorganizar a economia e reduzir a pobreza. É certo que há muito mais a ser feito, mas a construção de uma democracia não violenta é tarefa civilizatória urgente e prioritária. Para tal, é necessário que os setores progressistas da sociedade brasileira constituam um grande movimento capaz de impedir a revogação do Estatuto do Desarmamento, como passo fundamental para a construção de Políticas Públicas de Segurança que garantam o direito à vida e à segurança de todos.

# PROTEGER A MULHER QUE NOS PROTEGE

(Publicado no Blog de Marco Aurélio Nogueira,
no *Estadão*, em 7 de novembro de 2015)

*Patrícia Nogueira Pröglhöf*

Não sou policial, e por isso, começo esse texto com a explícita afirmação de que talvez nunca seja capaz de apreender por completo o complexo universo em que hoje vivem mais de 70.000 mulheres brasileiras que dedicam suas vidas a garantir proteção e segurança para muito além de seus lares.

Como pesquisadora, no entanto, venho conhecendo nos últimos anos uma considerável parcela de dados, relatos e vivências que revelam as inúmeras dificuldades enfrentadas por essas mulheres em seus cotidianos e que muitas vezes restam escondidas por detrás de uma farda ou de um distintivo.

São dificuldades que começam já com o despertar de sua vocação: resistências nas famílias (que enxergam as profissões ligadas ao policiamento como essencialmente masculinas), processos de seleção inadequados (que por vezes exigem testes físicos para muito além do necessário às atividades da profissão ou impõem cotas que limitam o ingresso de mulheres), além de inúmeros obstáculos encontrados durante a formação daquela minoria que consegue ser aceita nas instituições de segurança pública.

E as dificuldades não param aí. Uma vez inseridas, as mulheres são muitas vezes encostadas em tarefas burocráticas, para permitir que o efetivo masculino se dedique às atividades de ponta, as quais exigiriam "bravura", "força" e "coragem" (como se esses fossem atributos exclusivamente masculinos); ou são, no sentido oposto, alocadas em posições em que podem ser exibidas como a face humana e comunitária das corporações (reforçando estereótipos femininos de docilidade, mansidão e mediação).

Nesse cenário, são também inúmeros os relatos da violência de gênero vivenciada por essas mulheres dentro das organizações policiais e atestada por uma recente pesquisa divulgada pelo Fórum Brasileiro de Segurança Pública, em parceria com o Núcleo de Estudos em Organizações e Pessoas da Fundação Getúlio Vargas.

A consulta, feita com ampla amostra de homens e mulheres de diversas corporações (polícia militar, polícia civil, polícia federal, polícia rodoviária federal, entre outras) revela que quase 63% das mulheres policiais já experimentaram pessoalmente comentários inapropriados ou sexuais no ambiente de trabalho (contra apenas 44% dos homens) e que 40% já foram vítimas de assédio moral ou sexual dentro de sua instituição de trabalho, sendo este número o dobro do vivenciado pelos policiais do sexo masculino.

Ressalta também a dificuldade encontrada por essas mulheres em dar vazão a tais situações: apenas uma entre cada 10 mulheres registrou algum tipo de queixa em relação ao assédio vivenciado. Na maior parte das vezes (68%), as que assim procederam ficaram insatisfeitas com o encaminhamento dado à denúncia.

Jogam contra elas, nessas situações, a falta de canais institucionais apropriados, o medo de perseguições ou retaliações (intensificado pelo fato de que este assédio, na maior parte das vezes, é praticado por um superior hierárquico) e, normalmente, a certeza da impunidade de seus agressores, blindados por uma lógica institucional incapaz de reconhecer a violência de gênero como problema concreto a ser enfrentado.

A consolidação da inserção das mulheres nos órgãos responsáveis pela segurança pública é, sem dúvida, uma conquista do período de nossa redemocratização que deve ser valorizada e ampliada. No entanto, como se verifica em tantos aspectos, inserção não é sinônimo imediato de inclusão e, muito menos, de mudanças estruturais.

Para avançarmos nesse sentido, é imprescindível que as instituições de segurança pública abram-se a uma discussão franca e transformadora sobre o machismo institucional – que, reproduzindo os valores da sociedade em que se insere, perpetua-se em suas regras e práticas – e sobre o papel e as condições de trabalho que reservam às policiais do sexo feminino.

Não sou policial, mas tenho a absoluta convicção de que mudar a forma como as corporações policiais enxergam e tratam as mulheres em seu interior é um passo indispensável no caminho de superar a violência de gênero e garantir segurança para todas as mulheres.

# SEGURANÇA PÚBLICA PARA QUEM?

(Publicado no *Painel Acadêmico* do *Portal Uol* em 18 de fevereiro de 2016)

Samira Bueno
Renato Sérgio de Lima

Este mês o Governo do Estado de São Paulo decretou sigilo em uma série de documentos da pasta da Segurança Pública, o que gerou reação imediata de pesquisadores, sociedade civil organizada e imprensa. A resolução SSP 7, publicada no Diário Oficial do Estado, restringe, entre outros documentos, o acesso aos boletins eletrônicos de ocorrências criminais e seus históricos. Ao limitar o acesso a estas informações, a Secretaria de Segurança Pública impede uma série de pesquisas que vêm sendo feitas há anos e contraria todos os pressupostos da Lei de Acesso a Informação.

Isto porque, ao limitar o acesso aos históricos das ocorrências, restringe-se a compreensão acerca das dinâmicas dos crimes registrados. Em um caso de homicídio doloso, por exemplo, informações como a idade, sexo e cor da vítima, bem como o histórico narrando o contexto da morte são fundamentais para a produção de pesquisas. Essas informações não representam ameaça a nenhuma testemunha ou familiar e mesmo assim vêm sendo sistematicamente negados.

É importante destacar que o Estado de São Paulo é o caso de maior sucesso do país na redução dos homicídios, que supera os 70% entre os anos 2000 e 2015. Em um país que sofre com 58 mil homicídios anualmente, mais do que nunca é necessário compreender melhor as dinâmicas do crime contra a vida em São Paulo, de modo a gerar conhecimento que embase políticas públicas consistentes e capazes de garantir a vida da população.

No entanto, ao trancar seus dados por cinco décadas, a Secretaria de Segurança Pública de São Paulo opta por se colocar em uma situação na qual ela formula, implementa e avalia sua própria política. Todos perdem com isso e, mais uma vez, políticas retrógradas colocam um hiato entre polícia e sociedade, que precisa acreditar que o governo tudo sabe e, portanto, pode decidir e analisar sozinho sobre suas ações.

E não é exagero afirmar que, embora tenhamos tido sucesso na redução dos homicídios nestes quinze anos, ainda temos imensos desafios que se colocam. Os crimes contra o patrimônio cresceram exponencialmente neste período, o que provoca o medo de tornar-se vítima a qualquer instante; não à toa, pesquisa realizada pela Rede Nossa São Paulo mostrou que nada menos do que 92% da população afirma sentir-se pouco ou nada segura na cidade em que vivem.

A atuação das polícias é outro desafio permanente. A Polícia Civil investiga menos de 2% dos roubos do Estado, na evidência da incapacidade que temos de reagir a um delito que tem transformado a todos em reféns do medo e mudado a arquitetura de nossa cidade. E aqui não se trata de falta de disposição, mas da inexistência de um instrumental básico, de recursos humanos e de salários adequados aos pouco mais de 30 mil policiais civis de São Paulo.

Já à Polícia Militar cabe o mesmo desafio posto há 3 décadas, as denúncias de violência perpetradas pelos seus agentes. As manifestações de junho de 2013 colocaram na agenda pública nacional os métodos abusivos praticados por seus policiais, e muitas vezes tolerados pelas chefias. Em 2014 o Estado assistiu inerte ao aumento da letalidade policial, que culminou com a morte de mais de 900 pessoas; em 2015, a Secretaria de Segurança Pública alterou a metodologia de contagem destes registros e assumiu que deixou de contabilizar por 10 anos a morte de 973 pessoas, vítimas de ações de policiais que estavam em folga. É por essas e tantas outras que 66% da população paulista tem medo e desconfiança de seus policiais. Profissionais que saem de suas casas diariamente com baixos salários, expondo-se ao risco e tentando garantir a cidadania de milhões de pessoas sofrem com o estigma de violentos, provocado certamente por um baixo número de maus policiais, mas tolerado institucionalmente como uma resposta válida para enfrentar o crime.

E, enquanto isso, governos pedem para a população assinar um cheque em branco e acreditar que eles estejam atuando, mas, quando cobrados, negam-se a fornecer dados que permitiriam auditar e avaliar a efetividade das políticas públicas. A premissa do segredo ainda é muito poderosa na segurança pública e abduz a todos, sejamos nós policiais, gestores ou cidadãos comuns.

# A EROSÃO DO ESTADO DE DIREITO

(Publicado no portal *Sul 21*
em 25 de abril de 2016)

*Rodrigo Ghiringhelli de Azevedo*
*Fernanda Bestetti de Vasconcellos*

Durante o último final de semana, o Rio Grande do Sul ganhou manchetes nacionais, diante de um confronto ocorrido entre criminosos e policiais militares, em uma grande avenida da capital gaúcha. Como o saldo foi de morte dos quatro criminosos e nenhuma perda por parte da polícia, a sociedade gaúcha comemorou e parabenizou os policiais envolvidos. O Comando da Brigada Militar foi mais longe, e com grande senso de oportunidade convocou a população para na próxima quarta-feira condecorar os policiais por bravura, na presença do Governador.

No dia seguinte, no entanto, um vídeo gravado por câmeras de vigilância e divulgado pela imprensa e nas redes sociais ofuscou o brilhantismo da atuação da polícia. Pelas imagens, constata-se que um dos criminosos sai do carro em que estava, na função de motorista, desarmado, se joga no chão, e ergue os braços em sinal de rendição. Um dos policiais se aproxima, e desfere grande quantidade de tiros. Então surge o questionamento: seria o caso de concordar e premiar esta conduta? Seria ela fruto do calor da hora, não sendo exigível uma outra conduta?

Em outra cena gravada, aparecem os policiais, após a confirmação da morte dos ocupantes do carro, descaracterizando o local da ocorrência e dificultando o trabalho da perícia, permitindo que os fatos passem a ser aqueles baseados no testemunho dos policiais, e não em apuração isenta, como um caso como este exigiria. E os policiais serão condecorados antes de qualquer investigação.

O caso em si, e toda a repercussão que teve nas redes sociais, com uma grande mobilização de policiais militares e agentes de polícia para rebater qualquer questionamento, e com a solidariedade imediata inclusive de outras corporações, como a Polícia Civil do RS e a Polícia Rodoviária Federal, denota o processo acelerado de erosão do Estado de Direito que estamos vivendo.

Em qualquer país onde as leis estão em vigência, casos como este, são investigados e esclarecidos, para só então ensejar qualquer tipo de premiação ou repúdio. No Brasil, ao que parece, diante do aumento da insegurança pública, fruto em grande medida do corte de recursos públicos para o setor, com desvalorização dos policiais, falta de equipamento e de efetivo, corte de horas extras e superlotação carcerária, a aposta é na adesão da opinião pública ao "bandido bom é bandido morto", flexibilizando os já frouxos controles sobre a atividade policial, e inviabilizando qualquer medida que indique a necessidade de submeter a ação policial aos mais elementares padrões de procedimento.

Em plena década de 90 do século passado, o sociólogo português Boaventura de Sousa Santos chamava a atenção para o surgimento do "fascismo societal", ou seja, a adesão cada vez mais ampla a comportamentos e opiniões de negação do outro, legitimando um duplo padrão de atuação estatal, brutal e violenta em áreas de periferia e contra suspeitos ou criminosos com perfil de baixa renda, e respeitoso e cordato contra os chamados "cidadãos de bem", mesmo que autores de delitos. Seria uma atualização de uma situação bastante conhecida no Brasil, do tratamento desigual para os subcidadãos, demonizados e reprimidos a margem da lei e do direito, e os sobrecidadãos, que não são alcançados pelas instituições de controle.

Desde 1988, com a promulgação da atual Constituição Federal, passamos a trilhar um novo caminho de afirmação democrática. Mesmo sujeitos às críticas de setores conservadores, dentro e fora das polícias, que passaram a se considerar de "mãos amarradas" para atuar contra o crime, e de setores "críticos", que consideravam a aposta no Estado democrático de direito uma impossibilidade no contexto brasileiro, conseguimos estabelecer pontes de diálogo e construir novos consensos sobre a ação do Estado no controle do crime, com respeito à lei e a padrões profissionais de enfrentamento de conflitos. Muito ainda ficou por ser feito, como a reforma das estruturas policiais, com a adoção do ciclo completo de policiamento e da carreira única de polícia, e a consolidação de padrões profissionais de atuação por meio da formação e da valorização dos bons profissionais.

Diante deste e de outros eventos, no entanto, precisamos reconhecer nosso fracasso. Fracassamos como pesquisadores, por não conseguirmos construir um sistema de segurança pública capaz de garantir o direito à segurança para a ampla maioria dos brasileiros. Falhamos como cidadãos, ao não exigirmos mecanismos de transparência e controle público sobre as instituições de segurança. Falhamos como sociedade, ao estimular o vale tudo contra o crime e a desvalorização da vida e da justiça. Precisamos reconhecer nosso fracasso, para poder seguir em frente e resgatar o que ainda resta de justiça e democracia. Talvez ainda haja tempo. Talvez já seja tarde demais.

# O SALDO DOS 10 ANOS DE FÓRUM BRASILEIRO DE SEGURANÇA PÚBLICA

(Publicado no jornal *Zero Hora*
em 20 de fevereiro de 2016)

*Rodrigo Ghiringhelli de Azevedo*
*Renato Sérgio de Lima*

No próximo de 25 de fevereiro o Fórum Brasileiro de Segurança Pública – FBSP completa 10 anos de existência. Criado por pesquisadores, policiais e gestores públicos, o Fórum surgiu com o propósito de reunir e colocar em diálogo atores chave para a consolidação democrática. Por isso mesmo, a proposta da entidade sempre foi a de garantir a pluralidade de ideias e de perspectivas em torno dos desafios para a redução da criminalidade e o aperfeiçoamento das instituições responsáveis pela segurança pública, a partir de uma carta de princípios que reafirma a democracia como compromisso maior em torno do qual as propostas e iniciativas da entidade devem estar articuladas.

A transparência na produção e análise de dados sobre a criminalidade, a letalidade e a vitimização policial, a elucidação dos efeitos do encarceramento, e a ampliação do controle público sobre a atividade policial, identificando e disseminando boas práticas, têm sido os eixos estratégicos em torno dos quais tem se articulado as iniciativas da entidade, com destaque para a edição do Anuário Brasileiro de Segurança Pública e para os Encontros Anuais, que já reuniram mais de oito mil profissionais, buscando aproximar diferentes segmentos e construir pontes de diálogo. Nestes 10 anos, é possível afirmar que o FBSP tem dado uma contribuição efetiva para uma nova agenda para o setor.

Porém, é inegável que ainda temos muito a fazer para termos políticas efetivas e eficazes na garantia do direito à segurança. A falta de continuidade dos programas e políticas, a cultura policial ainda refratária aos mecanismos de controle e à transparência, a estrutura defasada, que divide o ciclo de policiamento em duas metades, cada uma a cargo de uma polícia, cujas carreiras são também divididas, e a não constituição de um sistema nacional de segurança pública que integre as iniciativas da União, estados e municípios, são alguns dos entraves que, por não serem enfrentados, resultam no morticínio de quase 60.000 cidadãos brasileiros assassinados ao ano; no desprestígio e desvalorização das polícias; e na sobrecarga do sistema carcerário, em um contexto onde os crimes mais graves contra a vida permanecem impunes e as prioridades são definidas sem o necessário debate público.

Motivos para o atraso no setor persistem, e são vários. Entre os quais, vale referir, no âmbito discursivo, a permanência de uma dicotomia que coloca em confronto o "discurso simplório" e o "discurso crítico", e que pouco contribui para as necessárias mudanças. O discurso simplório ou de senso comum é apresentado cotidianamente por diversos atores do campo político e da segurança, que diante do fracasso dos sucessivos governos em reduzir a violência culpam uma genérica flacidez legislativa, fruto da força dos defensores dos direitos humanos no pós-ditadura, que enfraqueceram a ação do Estado e inviabilizaram o combate ao crime, por imporem às polícias uma atuação em padrões constitucionais e ao sistema penal a garantia do direito de defesa e a proteção da dignidade humana na execução da pena. Pouco interessa aos formuladores deste discurso (por isso mesmo simplório) que a realidade o desminta cotidianamente, uma vez que os padrões de funcionamento democrático do sistema ainda não foram assegurados, e o desrespeito aos direitos ainda é a regra para amplos setores da população.

De outro lado, o "discurso crítico", com presença marcante em determinados grupos de diletantismo acadêmico, acusam o Estado de instituir uma "sociedade do controle", inibindo os direitos individuais e impondo regras e procedimentos incompatíveis com a liberdade e a privacidade, e atacam as polícias como as exclusivas responsáveis pela exacerbação da violência. As altíssimas taxas de violência seriam apenas o subproduto de uma sociedade desigual e excludente, e não haveria motivos para buscar alterar os padrões de atuação das instituições estatais responsáveis pelo controle do crime, predestinadas a agirem indefinidamente como puramente repressivas e violentas contra os setores sociais discriminados e vulneráveis.

Na medida em que a criminalidade avança e a opinião pública é cada vez mais refratária a qualquer medida que não signifique mais prisões e penas mais severas, permanecemos no círculo vicioso de uma democracia de fachada, em que grande parte da população é tratada como cidadãos de segunda classe pelo Estado, porque seu perfil é identificado com o dos criminosos. O esforço do FBSP tem sido por explicitar tais movimentos e contribuir na construção de uma narrativa alternativa à barbárie do nosso cotidiano.

O medo e a insegurança configuram a experiência social contemporânea, esvaziando o espaço público, reduzindo a confiança na democracia e nas instituições e arregimentando novos adeptos às facções criminais (dentro e fora da estrutura estatal) e à caixa de pandora dos discursos de lei e ordem. Todas estas questões são desafios mais do que suficientes para mais uma década de atuação do FBSP e para a coalizão de todos os que acreditam e trabalham por um país mais justo e com mais vida e menos violência.

# "NAS ESTATÍSTICAS CRIMINAIS, PREVALECE A 'TRANSPARÊNCIA OPACA'"

(Publicada na revista *Carta Capital* em 28 de fevereiro de 2016)

*Entrevista de Renato Sérgio de Lima para Rodrigo Martins*

Um carro freia bruscamente diante de um bar. Dois encapuzados saem do veículo e executam oito jovens a tiros de pistola. A tragédia se desenrola no bairro periférico de uma grande cidade. Não precisa arriscar um palpite sobre o local do crime, apenas reflita: foram quantos homicídios?

A pergunta parece capciosa, mas enseja respostas diferentes em cada região do País. O estado do Ceará considera o total de vítimas, oito jovens assassinados. São Paulo enxerga um único homicídio, pois leva em conta o número de ocorrências policiais - no caso, uma só chacina. A falta de um padrão único de classificação dos homicídios é um problema nacional, que prejudica as comparações entre os estados e do Brasil com o resto do mundo. A avaliação é do sociólogo Renato Sérgio de Lima, vice-presidente e um dos fundadores do Fórum Brasileiro de Segurança Pública, que acaba de completar 10 anos de existência, com a missão de decifrar os enigmas das estatísticas criminais do País.

Na entrevista a seguir, o especialista critica o governador paulista Geraldo Alckmin (PSDB-SP) por decretar o sigilo de dados dos Boletins de Ocorrência e por cultivar um ambiente de "transparência opaca", no qual os dados existem, mas são escondidos do olhar da população.

**Carta Capital:** O sigilo de dados dos BOs compromete o trabalho dos pesquisadores?

**Renato Sérgio Lima:** Sem dúvida. O governo paulista diz ser preciso proteger informações pessoais de vítimas e testemunhas, mas a lógica por trás da decisão é a do sigilo, e não a da transparência. Para os pesquisadores, é importante ter acesso aos microdados, saber quantas vítimas eram jovens, negras, homens ou mulheres, por exemplo.

O poder público tem condições de avaliar se um pedido é legítimo. O solicitante pode assinar um termo de confidencialidade, algo comum em pesquisas da área econômica, quando envolvem dados estratégicos de empresas. Não consigo imaginar um traficante pedindo acesso à denúncia de alguém que o acusou por meio da Lei de Acesso à Informação. Ele vai tentar corromper um policial, obter a informação de outra forma.

Depois, o governo recuou, disse que vai analisar caso a caso. A decisão permanece nas mãos do gestor. Os fóruns estão repletos de pedidos negados. Sempre é possível recorrer à Justiça, mas isso consome tempo e dinheiro.

**CC:** O governo anunciou que São Paulo registrou uma taxa anual de homicídios de 8,73 casos por 100 mil habitantes, abaixo do tal índice considerado epidêmico pelas Nações Unidas. Mas o indicador considera o número de crimes, e não de vítimas. Uma chacina com vários mortos vale um único registro. Essa metodologia é aceita internacionalmente?

**RSL:** Em primeiro lugar, precisamos desfazer um mito. Não existe essa "taxa epidêmica". Recentemente, a Organização Mundial da Saúde negou a existência de qualquer estudo que diga isso. Na verdade, essa história é usada como peça de marketing do governo paulista. Se não vivemos uma epidemia, estamos na normalidade.

São Paulo usa como base o número de ocorrências desde 1995, quando a Assembleia Legislativa aprovou a lei 9.155, que estabelece critérios para a divulgação desses dados. No site da Secretaria de Segurança Pública, é possível consultar o número de vítimas.

É uma transparência opaca, porque os dados estão escondidos. É preciso ser hiperespecializado para encontrar certos números. Quando a mídia cobra, eles respondem: "somos transparentes, está publicado".

**CC:** Qual seria a taxa de homicídios em São Paulo se o indicador levasse em conta o número de vítimas, e não de ocorrências?

**RSL:** Daria cerca de 11 casos por 100 mil habitantes. Continuaria sendo a mais baixa do País, mas o número contraria essa estratégia de comunicação, baseada no mito da taxa epidêmica.

**CC:** O governo paulista já havia sido acusado de manipular dados no ano passado por excluir homicídios cometidos por policiais fora de serviço, em casos de legítima defesa.

**RSL:** O sistema de informação da Secretaria de Segurança de São Paulo é sofisticado, o problema é como você analisa e divulga os dados. Como funciona o fluxo de informação? O delegado registra uma ocorrência de morte decorrente de uma intervenção policial. O caso vai para a Corregedoria e ela vai avaliar se houve legítima defesa.

O número divulgado não é o do sistema do Infocrim, como todas as demais ocorrências. É filtrado. Em 2006, o governo paulista optou por criar uma categoria de homicídios com prováveis exclusões de ilicitude. Eles saíram da conta, mas estão todos registrados.

O governo do Ceará, por exemplo, classifica tudo como homicídio. Se o judiciário considera que a foi em legítima defesa, a pessoa não será punida. Mas o homicídio é registrado como homicídio. Poucos estados fazem o mesmo. Muitos governadores do Nordeste se sentem prejudicados por comparações injustas.

**CC:** Para o cidadão, o que importa é saber quantos foram mortos.

**RSL:** Não por acaso, o Fórum Brasileiro de Segurança Pública adotou uma nova estratégia. Passou a divulgar em seu anuário o número de mortes violentas intencionais, incluídos homicídios, latrocínios, mortes decorrentes de intervenção policial, lesões corporais seguidas de morte... Podemos dar um tratamento jurídico diferente para um latrocínio e para um homicídio, mas o que importa é a morte violenta.

**CC:** Há um esforço para padronizar a divulgação de dados criminais de todos os estados?

**RSL:** Em 2015, o Ministério da Justiça investiu mais de 70 milhões de reais na estruturação do Sistema Nacional de Estatística de Segurança Pública, mas os estados relutam em adotar um padrão único de classificação.

Ignácio Cano, do Laboratório de Análise da Violência da Uerj, trabalha num projeto interessante, que visa a criação de um protocolo de qualidade dos dados de homicídio. Em setembro de 2015, representantes de quase todos os países da América Latina se reuniram em Bogotá para discutir a questão, num evento promovido pela Open Society.

Os esforços técnicos existem. Com os investimentos feitos pelo Brasil nos últimos anos, para o aperfeiçoamento dos sistemas de informação, só depende de decisão política.

# BIOGRAFIA DOS AUTORES

**Renato Sérgio de Lima**
Doutor em Sociologia pela USP. Professor do Departamento de Gestão Pública da FGV/EAESP e Vice-Presidente do Fórum Brasileiro de Segurança Pública. Pesquisador do CNPq.

**Bruno Paes Manso**
Doutor em ciência política pela USP, pesquisador do Núcleo de Estudos da Violência e jornalista da Ponte Jornalismo.

**César Barreira**
Doutor em Sociologia pela USP. Professor titular da Universidade Federal do Ceará (UFC). Pesquisador do CNPq/INCT e Coordenador do Laboratório de Estudos da Violência (LEV/UFC).

**Cláudio Beato**
Professor titular Departamento de Sociologia UFMG. Coordenador do CRISP - Centro de Estudos em Criminalidade e Segurança Pública da UFMG.

**Fernanda Bestetti de Vasconcellos**
Professora Adjunta UFPEL, pesquisadora INCT-InEAC e GPESC.

**Guaracy Mingardi**
Doutor em Ciência Política pela USP. Ex-Secretário Municipal de Segurança Pública do Município de Guarulhos. Ex-Diretor de Projetos e Secretário Substituto da SENASP/MJ.

**Humberto Viana**
Administrador de Empresas. Coronel da Polícia Militar de Pernambuco. Presidente do Fórum Brasileiro de Segurança Pública. Gerente de Cidades pela Escola Superior de Guerra; coordenador de Monitoramento do Pacto Pela Vida da Secretaria de Planejamento do Estado de Pernambuco.

**Jacqueline Muniz**
Doutora em Antropologia. Professora do departamento de segurança pública-DSP da UFF

**Jésus Trindade Barreto Jr.**
Delegado da Polícia Civil de Minas Gerais. Mestre em Educação

**José Luiz Ratton**
Professor do Departamento de Sociologia da UFPE. Coordenador do Núcleo de Pesquisas em Crime, Violência e Segurança Pública da UFPE (NEPS-UFPE). Pesquisador do CNPq.

**José Reinaldo de Lima Lopes**
Professor titular de teoria do direito na Faculdade de Direito da USP. Doutor pela USP e com pós-doutorado na Universidade da Califórnia, San Diego. Foi professor visitante em diversas universidades estrangeiras (Nacional da Colômbia, Munique, Toulouse). Foi diretor do Centro de Pesquisa Jurídica Aplicada da Direito SP (FGV).

**Julita Lemgruber**
Coordenadora do Centro de Estudos de Segurança e Cidadania - Cesec/Ucam e ex-diretora do Sistema Penitenciário do Rio de Janeiro.

**Luís Flávio Sapori**
Doutor em sociologia, professor do curso de ciêndias sociais da PUC Minas e coordenador do Centro de Pesquisas em Segurança Pública (CEPESP -PUC Minas)

## Luiz Eduardo Soares
Escritor, dramaturgo, antropólogo e pós-doutor em filosofia política. É professor da UERJ e ex-professor da Unicamp e do IUPERJ. Foi visiting scholar nas universidades Harvard, Columbia, Virginia e Pittsburgh, e pesquisador do Vera Institute of Justica, de New York. Foi secretário nacional de segurança pública, subsecretário de segurança no estado do Rio e secretário municipal em Porto Alegre e Nova Iguaçu, na Baixada Fluminense.

## Patrícia Nogueira Pröglhöf
Mestre em Administração Pública e Governo pela Fundação Getúlio Vargas, Coordenadora Institucional do Fórum Brasileiro de Segurança Pública.

## Paulo Sérgio Pinheiro
Pesquisador associado do Núcleo de Estudos da Violência - NEV/USP. Professor titular de Ciência Politica, USP( aposentado)

## Rafael Alcadipani
Professor Adjunto em Estudos Organizacionais da Escola de Administração de Empresas de São Paulo da FGV. PhD em Business Administration pela Manchester Business School, the University of Manchester (Reino Unido).

## Rodrigo Ghiringhelli de Azevedo
Doutor em Sociologia, Professor dos Programas de Pós--Graduação em Ciências Sociais e em Ciências Criminais da PUCRS, líder do Grupo de Pesquisa em Políticas Públicas de Segurança e Administração da Justiça Penal (GPESC), e pesquisador do Instituto Nacional de Estudos Comparados em Administração de Conflitos (INCT-Ineac) e do CNPq.

## Samira Bueno
Doutoranda em Administração Pública e Governo na FGV/EAESP, diretora-executiva do Fórum Brasileiro de Segurança Pública.

**Sérgio Adorno**
Doutor em Sociologia (USP), Professor Titular, Coordenador do Núcleo de Estudos da Violência (NEV/CEPID/USP), Coordenador do Instituto Nacional de Ciência e Tecnologia - Violência, Democracia e Segurança Cidadã (2009-2016), Diretor da Faculdade de Filosofia, Letras e Ciências Humanas (2012-2016).

Esta obra foi impressa em São Paulo pela Graphium no inverno de 2016. No texto, foi utilizada a fonte Calluna (OTF) em corpo 9 e entrelinha de 13 pontos.